未来のために

日本の教育現場をどう改善するか

高田圭一
TAKATA KEIICHI

幻冬舎 MC

未来のために

―日本の教育現場をどう改善するか―

目次

2 部活動の闇 ——都会と地方の「放課後格差」

3 ＩＣＴ教育の矛盾 65

4 PTAはなぜなくならないのか

6 非行と発達障害

はじめに

今、学校を取り巻く環境は大きく変わろうとしています。特に公立の小学校・中学校では、これまでの常識が通用しないほど、大きな変化にさらされています。

例えば公立学校教員の質の低下です。本文でも詳しく書いていますが、私が現役の教師をしていた頃中学校レベルの漢字が書けない国語の教師がいました。また、生徒と全く視線を合わせることなく、教科書と黒板に視線を向けるだけで授業を進める教師もいました。

こうした教員が生まれてくる背景には、教員の労働環境が劣悪であることがマスコミの報道などを通じて広く知られるようになり、従来日本の教育界を支えてきた優秀な人材が民間企業を目指すようになったことがあると私は考えています。そして、それによってできた「人材の穴」を、これまでとは全く別の人材によって埋めようとした結果、教員の質の低下を招いたのです。

事実、教員の採用試験では、とんでもないことが起こっています。採用試験の倍率がものすごい勢いで下がっているのです。

これまで公立学校教員の採用試験で記録された最高倍率は、2000（平成12）年度の13・3倍でした。それが、2023（令和5）年度には3・4倍まで下がったのです。前年、3・7倍に低下した際も過去最低として話題を呼びましたが、2年連続で過去最低を更新したのです。

さらに驚くことに東京都が2023年に行った2024（令和6）年春採用予定の小学校教員採用試験では競争率が1・1倍にまで低下してしまったのです。競争率1・1倍といえば、受験した人のほとんどが合格する「広き門」です。このときは小学校（全教科）の受験者数2280人に対して合格者は2009人となっています。不合格者はわずか271人にすぎませんでした。

教員免許さえ持っていれば、誰でも教員になれる時代――「でも、しか先生の時代」がそこまできているのです。

一般企業でも採用試験の倍率が一定のレベルを割り込むと、組織を維持するに足る能力を備えた人材が採用できないといいます。このままでは教員の質の低下が進み、公立学校から優秀な教員がいなくなってしまいます。それを防ぐには、やはり多くの人、特に長く教育現場と疎遠になっている一般の人たちに向かって情報発信し「今、学校で何が起こっているのか」を知ってもらうしかない。私はそう考え、本稿を上梓することにしました。

1

驚くべき教員の質低下

東京都の小学校教員採用試験の倍率1・1倍が示すもの

今、公立学校の先生になりたいと思っている若い人が激減しています。

2023（令和5）年度に採用された公立学校の教員の採用倍率は3・4倍で、前年の3・7倍からさらに低下し、2年連続で過去最低となりました。公立学校教員の採用倍率は2000（平成12）年度にこれまでの最高である13・3倍を記録して以降、低下傾向が続いていました（NHK「NEWS WEB」）。

私にはここにきて、その低下傾向にさらに拍車がかかったように感じます。というのは「2年連続で過去最低」という全国平均の教員採用倍率の低下が報じられる前に、東京都の教育委員会から2024（令和6）年春に採用予定の採用試験の結果が発表され、そこにはさらにショッキングな数字が並んでいたからです（令和5年度東京都公立学校教員採用候補者選考（6年度採用）の結果について）。

- 全体の受験者数　7948人
- 全体の選考合格者（名簿登載者数）　4926人

●名簿登載者数に対する受験者数の倍率　１・６倍

東京都の小中高などの教員採用試験全体の倍率が全国平均の半分以下というのも驚くべき数字ですが、私は小学校の結果を見てさらに驚きました。

●小学校（全教科）の受験者数　２２８０人
●小学校（全教科）の選考合格者（名簿登載者数）　２００９人
●名簿登載者数に対する受験者数の倍率　１・１倍

「小学校（全教科）」というのは、体育や音楽、美術も含めすべての教科を教えられる教員のことで、普通に小学校の先生といえば、この枠での採用ということになります。

この数字から見えてくるのは、今、小学校（全教科）の教員免許を持っていて東京都の公立小学校で勤務したいと思えば、ほぼ誰でも採用される状態にあるという事実です。つまり、東京都という日本一の大都会で明らかに小学校の教員のなり手が不足しているのです。

確かに以前から地方では「教員の数が足りない」という声が盛んに聞かれました。でもそれは地方が抱える過疎化や空洞化の問題と同一原因からくるものと考えられていました。文部科学省は、こうした教員採用試験の倍率低下の原因について次の点を挙げています。

● 子どもの数が多かった時期に採用された教員が一斉に定年退職の時期を迎えた
● それにともない採用者数が増加する一方で既卒の受験者数が減少している

私にはそれだけが原因とは思えません。東京都の小学校教員採用倍率1・1倍という数字には、現在、日本が直面しているさまざまな教育問題が凝縮されているように思われるのです。

教員採用試験にさまざまな工夫を行う自治体も出てきたが

確かに2023（令和5）年度に採用された公立の小中学校や高校などの教員の採用試験を全体で見ると、つぎのような結果が出ています。

●受験者数　12万1132人（前年度から5258人減少）
●採用者数　3万5981人（1666人増加）

受験者数は4・3％減少し、逆に採用者数は5％増加しています。

つまり定員が増えたところに受験者数（応募者数）が減り、それが採用倍率を押し下げていると文科省は言いたいようです。

東京都の教員採用試験でも10年前の2013年に全体の採用数が2598人であったものが、2023年にはほぼ倍の4926人になっているという指摘もあります（東京新聞WEB）。この記事からはつぎのような興味深い数字も読み取れます。

●2013年から2023年の10年間で東京都の教員採用試験全体の採用倍率は6・3倍から1・6倍に低下した
●なかでも小学校は4・8倍から1・1倍と低下幅が大きい

原因はどうあれ教員が足らないという事実は隠しようがないと言えそうです。

そこで今、教員採用試験にさまざまな工夫を行う自治体が出てきました。

例えば東京都教育委員会は「カムバック採用」を２０２３（令和５）年度に新設しました。これは教員経験者が退職後10年以内に復帰する場合に１次選考を免除する制度です。初のカムバック採用にチャレンジした受験者は１０２名で、そのうち83名が名簿登載者（合格）となりました。

同じく東京都教育委員会は２０２３（令和５）年度から教員採用試験の一次試験の一部科目（教職教養と専門教養）を１年前倒しで受験することを可能にしました。不合格になった場合、従来のように大学４年時にも受けられるので、受験者が増えるのではないかと考えたようです。

こうした採用試験の前倒しは広く全国の自治体に取り入れられるようになってきました。

また横浜市では２０２３（令和５）年度から「小学校」の受験区分で、大学が推薦する３年生を対象とする特別選考が新設されました。推薦されると書類選考の上、第１次試験が免除され第２次試験として個人面接、模擬授業及び論文試験が行われます。合格発表は同年中に行われ、最終的な内定は4年生になったときに、大学3年次の学業成績を審査した上で決定されるというものです。

また社会人としてのキャリアを評価して教員免許なしで受験ができる制度（大阪市・京都府）や実技科目の一部廃止による受験者の負担軽減を図る制度（大阪市・滋賀県・和歌山県など）も出てきています。

しかし、こうした小手先の採用試験の工夫でどうにかなる段階では、すでにないように私には思えます。受験時期を繰り上げ、さらには内定時期をも繰り上げることで、教員採用試験の合格者が民間に流れないよう食い止めることができるかといったら疑問符を付けざるを得ないと思います。

採用試験不合格者を講師に

例えば鳥取県です。２０２２（令和４）年度の公立小学校の教員採用試験競争率が鳥取県は4・6倍と高く、隣県の島根県の1・9倍と大きな差が出ました。これは鳥取県がこの年、教員採用試験を全国で2番目に早い6月19日に設定した結果と見る向きが多いです

（倍率が全国最高の9・4倍だった高知県はもっとも早い6月18日に設定。因みに島根県は7月10日）。

鳥取県は受験者の確保に向けて10年ほど前から少しずつ受験日を前倒ししてきました。２０１９（令和元）年度から1次試験を6月に行い、試験会場を大阪市内にも設けました。その結果、２０１８（平成30）年度に２２４人だった受験者数が翌19年度には４８４人と急増。倍率は2・1倍から5・5倍に跳ね上がったのです。20年度以降も全国平均を上回る高水準を維持してきました（山陰中央新報ＯＮＬＩＮＥ ＮＥＷＳ）。

ただ、問題は合格者がそのまま採用に結びついていないことです。２０２２年（令和４）年度の鳥取県教員採用試験の結果をまとめてみました。

●受験者数　４９７人
●同合格者数　２０３人
●同採用者数　１０８人
●採用予定者数　１５０人

合格者は採用予定を50人ほど超えたものの、合格者のうち半分近くの95人が辞退してしまったのでした。これを報じた山陰中央新報ＯＮＬＩＮＥ ＮＥＷＳは、辞退者の多さをつぎのように分析しています。

「受験日が他県より早いため、学生の中には、本命の地元の採用試験前の『練習』として受験し、合格しても内定を辞退する傾向がある」

確かにそういう見方もできるかもしれませんが、辞退した95人のすべてが他県に流れたとするのは無理があると私は考えています。このあと述べていくような現在の教員を巡る労働環境の悪化を前にして教員を諦め、民間企業に就職した人も少なくなかったのではないかと思います。

いずれにせよ、合格者の半数近くが辞退し、採用予定に50人近い不足（定員割れ）が起きると困った事態が生じます。その不足の分を採用試験に合格しなかった人を講師として採用することで埋めなくてはならなくなるのです。これによって起こるのが教員の質の低下です。

こうした原因による教員の質の低下は鳥取県だけの問題ではなく、私が長く教員として勤めてきた岡山県でも起こっていますし、東京や大阪といった大都市でも起こっている大きな問題なのです。

漢字の書けない国語の教師

「90年代までは、新規採用教員の半分以上を国立教員養成大学出身者が占めていたが、近年では一般大学（私立大）出身者が6割を占めている」

こう指摘するのは教育社会学者の舞田敏彦氏です（ニューズウィーク日本版『教員不足で懸念される公教育の「質の低下」』）。

舞田氏は「採用試験の難易度低下により、合格者の裾野が広がっている」と穏やかな表現をされていますが、教員採用試験の倍率低下によって、私の地元である岡山でも明らかに教員としての能力に疑問を感じざるを得ないような人が新卒教師として入ってくることが増えました。

舞田氏も書いておられるように地方には教員養成の核となる国立大学があり、そこで養成された学生が教員としてその地方の教育を担っていくという昔からの構造がありました。ところが後に詳しく触れるように、こうした教員養成大学の卒業生の半数以上が教員にならないという状況を受け、今までは考えられなかったような大学出身者がどんどん教員として採用されるという事態が起きています。

私の地元岡山でも、ある大学が「教員採用者数●百人」をキャッチフレーズに受験生を集めているのを目にする機会が増えました。もちろん教員の能力と学力がイコールではないことは十分承知していますが、「今の学校には、以前では入っていなかったような層が入職するようになっている」という舞田氏の指摘は正しいと私は思います。

では「以前では入っていなかったような層」とはどんな層でしょうか。

私の身近な例でいえば、漢字の書けない国語の教師がいました。私の勤務していたのは中学校でしたが、その教師は中学生が当然、書けなくてはならない漢字が書けなかったのです。授業の際にした板書で誤りを指摘されたのか、生徒に配ったプリントに誤字が多かったのか、詳細は覚えていませんが、教科の主任や教頭などの管理職が漢字の書き取りをやらせたり、プリントのチェックをしたりするなど、泥縄式の対応に追われていたのを覚えています。

生徒の顔を見ないで授業をする教師

こんな教師もいました。

授業中、生徒の誰とも視線を合わせることがないのです。生徒の方を向いているときは、常に教壇に置いた教科書に視線を落としています。そして教科書を見たままで必要な部分を音読したり解説を加えたりします。板書をするために顔を上げて振り返ることはあっても生徒の方を見ることはなく、視線を合わせることはないというのです。

これはかなり異常な授業風景です。学校、特に小学校や中学校の授業というのは、直接その授業を受ける生徒以外、その様子を見る人がいないので、おかしな授業をやっていても他の教員や管理職が気づくことはほぼありません。

ただここ10年ほど前からはじまった生徒による「教員評価」という制度によって、こうしたおかしな教師の存在があぶり出されることになりました。生徒の顔を見ないで授業をする教師の存在も、この制度によって同僚の教師や管理職の知るところとなりました。

古くなった知識をそのまま教える教師もいます。

これは新卒の教師よりむしろベテランの域に達した教師にも見られます。特に私が教えていた社会科の教師によく見られました。社会科の歴史分野では歴史解釈の変更などによって教えるべき内容が変わることがあります。例えば鎌倉幕府の成立年代を昔は1192年「いいくにつくる鎌倉幕府」と教えたものですが、今は1180年頃から1192年頃にかけて成立したと教えることになっています。こうした変化は指導要領や教科書の改訂にともなうものです。これについていけない教師や、あえて無視する教師など、教師の質の低下はいろんな形であらわれてきます。

教員の質の低下が生徒の暴力を招くことも

こうした異常な行動をする教師の存在は、生徒の学力低下に直結するという意味で問題であるのは当然です。でも問題は、それだけではありません。教員の異常な行動が生徒の問題行動を誘発することもあるのです。

これも私がいた中学校で起きた話です。

ある英語の教師は自分でつくったプリントを使って授業をすることが多かったのですが、度々つくる枚数や配る枚数を間違えるのです。担任しているクラスの人数は変わらないわけですから、なぜいつも枚数を間違えるのか、よくわかりませんが、その度にもらえなかった生徒はその教師のところまでもらいに行かなくてはならないことになります。列の最後尾に座っている生徒は、何度もそういう目に遭ってイライラしていたようです。

そんな中、事件が起きました。プリントをもらえなかった生徒がその教師のところに行って「プリントが足りませんでした」と言うと、その教師はゴミ箱の中をかき回し、そこから拾い上げたプリントをその生徒に渡したのです。日頃からプリントの枚数を間違えることにイライラさせられていたその生徒は、ついに「切れて」しまい、その教師につかみかかりました。

そのときはたまたま私が授業の空き時間で職員室にいましたので、二人の間に入って事情を聞きました。

その日も生徒に配るよりも多くプリントをつくってしまったその教師は、その中から生徒に配る分だけ取り分けると、残ったプリントをゴミ箱に捨ててしまったというのです。生徒に配る枚数を間違えるというだけでも問題ですが、生徒の目の前でゴミ箱からプリントを拾って渡すというのは常識では考えられない行為です。生徒が「切れる」のは、ある意味当然だと私も思ったので、その教師には生徒に謝罪してもらい、その場を収めました。でも当の教師が自分の行為の非常識さを自覚したかというと、疑問符を付けざるを得ません。

たまたま生徒指導を担当していた私がその場にいたので、つかみかかる程度で済みましたが、その生徒の日頃の行動から推測すれば、教師を殴ったり蹴ったりという問題行動に発展してもおかしくない状況でした。

生徒指導のできる先生が減った

今、例に挙げた教師に共通するのは、生徒の視線というものを意識していないか、すごく軽視しているということです。

ゴミ箱から拾ったプリントを渡されて激怒した生徒も、そのとき突然「切れた」わけではなくて、その教師が以前からプリントを配る際にいい加減なことをしているのを見てきてイライラが募っていました。それがゴミ箱から拾ったプリントを渡されたことで「爆発」したのです。

生徒は教師の行動をよく見ているのです。

例えば下校時です。部活動を終えた生徒が校門を出るのを見送る教師がいるかと思えば、同じ部活動の顧問でも、部活動を終えたあと、生徒よりも先に校門を出る教師もいます。どちらの教師を生徒が信頼するかは言うまでもないでしょう。こうした生徒から「信頼できない」と思われている教師が、問題行動を起こすような生徒を指導しようとしてもうまくいくはずがありません。教員の質の低下と生徒から教師に向けた信頼感の低下は背中合わせになっていると私は感じています。

教師の質が低下すればするほど、生徒指導の担当になってもうまくいかない教師が増え、今学校全体で生徒指導が難しくなっている学校が増えています。

こうなってくると、ある程度教師としてキャリアを積み、生徒ににらみを利かせることのできるようになった一部のベテラン教師の負担が重くなってきます。

私にも経験がありますが、こういう立場になると授業の空き時間が憂鬱になります。今だからいえるのですが、授業をやっている方がラクだと感じます。授業をやっていると隣の教室で何かトラブルが起きてもわからないことが多いのですが、職員室にいるとそうはいきません。ずいぶん前から各教室には職員室と直接つながるインターホンがあって、何か起きたときには教師や生徒から直接、連絡が取れるようになっているのです。

インターホンが鳴れば、空き時間の教師が駆けつけて対処するのが原則です。

最近は新人教員でも周囲や管理職のアドバイスを拒む

とはいえ以前から、新人教師は生徒とどう付き合っていけばいいかわからずギクシャクするものです。私にも覚えがあります。

ただ、そこから周囲のベテラン教師に話を聞いたり、つたないながらいっしょに生活指導を担当したり、生徒とぶつかることで教えられたりして、しだいに変わっていったのです。

こちらが曲がりなりにもベテランの域に達してからは、積極的に新人の教師と関わることでこちらが培ったノウハウを伝えながら、学校全体としての生徒指導力を高めようとしたものです。こちらがこうした態度で接すると、最初は頑なだった新人教師も胸襟を開いて接してくれたものです。

むしろやりにくいのは、それなりのキャリアを積んで生徒にも一目置かれる存在になってほしいベテラン教師でした。こうしたベテランは周囲のアドバイスを受け入れず、生徒からも受け入れられない存在になってしまうこともしばしばです。

困ったことに、最近では新人でも周囲からのアドバイスを受け入れず、管理職の指導にもしたがわない人が増えています。

公立の学校は「鍋ぶた組織」とよくいわれるように、現場の教師同士は対等の関係です。「新人」「ベテラン」といっても上司と部下のような関係ではありませんから、指導にも限界があります。教頭や校長といった管理職も、パワハラ問題に敏感な昨今なので注意をする際にも気を遣います。また、残業などに関して労働者としての権利を主張されると、周囲は何も言えない状況が生まれています。

その結果、後に触れるように、新人教師が学校の中で孤立し精神を病んでいくという構造を生んでいくのです。

国立の教育学部を卒業しても4分の1が教員にならない

では本来、質の高い教員として期待されている国立の教員養成大学及び教育学部を卒業した学生たちは、どのような選択をしているのでしょうか。

2023（令和5）年に国立の教員養成大学及び教育学部を卒業した学生についてつぎのようなデータがあります。

●教員就職率（すべての卒業者数を母数とした場合）　61・1％
●卒業者総数　1万1219人
●教員就職者　6850人
●他業種への就職者　2824人（他業種への就職率25・1％）

（文科省：「国立の教員養成大学・学部及び国私立の教職大学院の令和5年3月卒業者及び修了者の就職状況等について」より）

このように国立の教員養成大学や教育学部を卒業しても、そのほぼ4割がすぐに教員として働いていません。その中には大学院へ進学したり（952人）保育士として保育園などに勤めたり（161人）と教育関連分野に身を置いている人もいますが、約4分の1が教員とは別の場所に活躍の場を求めていることになります。

こうした人たちが、どこに就職したかを示す正確なデータはありません。教員よりも労働環境に恵まれている各種の公務員に流れていると見る向きもあります。私はそうではなく「ブラックな職場」として教員を嫌い、民間企業に就職したのだと考えています。

民間企業の方が待遇が良いから優秀な人が逃げていく

最近では、ネットはもちろん新聞やテレビなどのさまざまな報道を通じて、学校現場の「ブラック」な部分が知れ渡ってしまいました。

とにかく労働環境が悪い。これは私の経験からいっても否定できません。一般の方にはあまり知られていないと思いますが、実質教師には休憩時間というものがありません。民間にくらべて労働時間が不明確なのは、何も残業だけではありません。中学校や高校の教師には「空き時間」というものがあります。専科の授業の合間の時間ということで「空き時間」と呼ばれていますが、これはけっして休憩時間ではないのです。民間企業なら昼食は昼の休憩時間に摂るのがあたりまえでしょうが、学校現場では担任は自分の受け持ちクラスで昼食（給食）を摂ることになっています。そしてこの時間も教師にとっては休憩時間ではなく、生徒に食育をする時間という位置付けになっているのです。

これが小学校になるともっとひどくて、朝、自分の担任の教室に出かけたら終業まで職員室に帰ってこられないのは当たり前の状況だといいます。低学年を受け持つ教師ほど教室に行きっぱなしで、トイレも慣れないと行く時間を取れないのが現状です。

そしていわゆる「残業問題」です。

民間企業は少なくとも勤務時間以外の仕事（残業）には対価（残業代）が出るのが原則でしょう。公立学校にはそれが当てはまりません。残業という概念がない学校の仕事は、民間企業で働く人には信じられないことばかりだと思います。

極端にいうと、自分の受け持ちの授業だけして他には何もしない教員も、受け持ちの授業のほかに、生徒指導や部活をする先生も給料は全く同じです。例えば部活で生徒を指導し、生徒が帰宅するのを見送り、6時半とか7時まで学校にいる教師も、5時に部活をやっている生徒より早く帰る教師も給料は同じなのです。

学校の現場がこんなふうだから多くの優秀な人材が民間に逃げていく。私はそう思っています。

教員にはなぜ残業手当がないのか

では、教師（教員）にはなぜ残業手当が出ないのでしょうか。

これは公立学校の教師の給与が給特法（給与特別措置法）という法律に縛られているからです。正式には「公立の義務教育諸学校等の教育職員の給与等に関する特別措置法」と呼ばれるこの法律によって、教師にはいわゆる「残業代（時間外勤務手当や休日勤務手当）」を支給しない代わりに「教職調整額」として給料の月額の4％に相当する額を支給することが決められています。

簡単にいえば、すでに残業代に相当するものを支給しているから、いくら教師に残業をさせてもそれに相当する手当は支払わなくていいという理屈です。

もちろん最初からこの給特法が、こうした理屈の上に成立したわけではありません。そこには教師の仕事は勤務時間外も含めて自主的に行うものなので、厳しい労働時間の管理はなじまないという考え方がありました。つまり同じ公務員であっても教師の仕事は特殊であるから、勤務時間にはある程度自由な裁量があるべきだという考え方もあったのです。

しかし昨今の教育現場を見ると、自由な裁量によって自分の勤務時間をコントロールする余地など、ほとんどありません。私は中学校の教師でしたから、自分の専科である授業が終わったあと、担任としての指導や部活、学校主催の行事の準備、職員会議での議論など、仕事は山積みでした。これが小学校の教師になれば、さらにさまざまな仕事が待っています。

これらをこなしていれば、とても定時に仕事を終えて帰ることはできず、9時、10時まで学校に残ることになります。にもかかわらず「残業代」は支払われない。最近では定額を支払って使い放題の「サブスク」が人気を集めていますが、給特法に縛られ残業をカウントしない状態を続けている限り、教師は使い放題の「サブスク状態」から抜け出すことはできず、若者の教師離れはますます進み、教員の質低下を食い止めることが難しいと私は思います。

教員の仕事は残業がカウントできないという主張をよく聞きますが、そもそも勤務時間を計る仕組みがありませんでした。タイムカードもようやく5、6年前に導入されたばかりです。それによってようやく教員がどれくらい学校にとどまっているのかがわかるようになってきました。小学校の教諭が過剰労働にあえいでいるというマスコミの報道も、こうした仕組みができたことがきっかけで可能になったもののひとつです。

教員養成大学（学部）への志望者も減っている

若い人の教員離れは教員養成大学（学部）への志望者数にもあらわれています。少し古くなりますが、大学の系統別志願者数を2003年を100として2020年までの推移を調べたある調査によるとつぎのような結果がでました（『週刊ダイヤモンド』ダイヤモンド社、2021年6月12日より）。

●教員養成・教育学系統は2020年に103と横ばいになったが、全17系統のうち下から4番目だった
●全体の志望者数は119と2割ほど増えた
●もっとも増えたのは国際関係学系統で263と約2・6倍になった
●もっとも減った薬学系統で52と約半分になった

教員養成・教育学系統だけを見れば横ばいですが、志望者の数は2割ほど増えている中での「横ばい」ですから、実質的には2割減と考えていいと思います。2020年に教員養成・教育学系統より志望者が低かったのは法学系統（92）、歯学系統（59）、そして薬学系統（52）でした。

教育実習にきて教師にはならないと決める学生も

教員養成大学（教育学部）を志望する学生も減っていますが、教職課程を履修して教育実習で教育の現場を経験し、「やっぱり教師にはなれない、ならない」と決める学生も増えています。

教育実習生を受け入れるのは教育現場にとって大きな負担です。実習期間は短くて2週間（高校の免許の場合）、普通は3～4週間にわたって教育現場を体験することになります。

もちろん教育実習生は授業計画や指導案を考える時間を優先しますから、いわばお客様的な扱いになります。下校できる時間も早いですし、教師になれば山ほど処理しなければならない事務作業を割り振られることもありません。

でも、最低でも2週間にわたって教育現場にいれば、今教師が教育の現場でどういう環境に置かれているのか、十分に体感できてしまいます。現場の教師がたいへんな思いをして受け入れている教育実習ですが、それが教員志望の学生たちに「教師にはなれない」「教師にはならない」と判断させているともいえるのです。

私も多くの教育実習生のお世話をしてきましたが、教育現場がブラックな職場であることに驚き、教師を目指すことを諦めた学生に何人も出会いました。

「先生たちは夜遅くまで帰れずたいへんそう」

「実際に教師になったら、授業計画を考える時間なんてないと思った。校務が忙しすぎる」

「実習に行くと20時以降も残っている先生が多くて。毎日することが多いのにもびっくり」

「指導案の作成、レポート評価、授業準備など、やることが多すぎます。先生という仕事は本当にたいへんなんだと思った」

誰でも教員になれる「でもしか先生」の時代が再びくるか

戦後の人手不足の時代には、教員の採用枠が広がり、誰でも先生になれました。また高度成長期がはじまると民間企業と公務員の給与格差が広がり、優秀な人材が教員から民間企業に流れるようになりました。そうなると公立学校の教師には、特にやりたいことがないから「先生でもやるか」、あるいは特別な技能などがないから「先生しか（仕事が）ない」。こんな消極的な気持ちで教員になる人たちが増えてきました。こうした人たちを世間では、その無気力さから「でもしか先生」と揶揄しました。

しかしバブルの崩壊後、日本が「失われた30年」と呼ばれる時代に突入すると、少子化による教員採用枠の減少もあって、教員人気が急上昇、公立学校教員の採用倍率が２０００（平成12）年度にこれまでの最高である13・３倍を記録するなど、「でもしか先生」という言葉は死語になったかと思われました。

ところがここにきて、この章の冒頭で書いたように、東京都の小学校教員採用試験の倍率が１・１倍になるなど、若者の教員離れに拍車がかかっています。

各地方自治体の教員採用試験で定員割れが続き、採用試験不合格者を講師として雇い定員枠を埋めている現状は、すでに「でもしか先生の時代」が到来していることを示していると私には思えるのです。

教員の質低下を防ぐにはどうすればいい？

●目に見えて給料を上げる
民間の上場企業と同等の給与水準に引き上げる。

●やったことに対する対価として手当を支払う
授業以外の校務を明確にし、その担当教諭を決め、それに対して手当を支払う。

●給特法（1972年〜）に縛られた給与体系からの解放
残業分をあらかじめ上乗せするという考え方をやめ、残業時間に応じた残業代を支払う。

●どんな学校でも教員が定時で帰れるようにする
終業時間を決め教師全員が決まった時間に帰宅できるようにする。

●先生の数を増やす
定時で全員が帰れるように教師の定員を増やし、授業以外の校務の低減を図る。

2

部活動の闇
―都会と地方の「放課後格差」

部活動の顧問が大きな負担に

今、部活動の顧問を引き受けることを大きな負担と感じる教師が増えています。

以前は都会でも地方でも、学校の授業が終われば多くの子どもたちが校庭に飛び出して運動部の練習に励んだり、教室や部室で文化部の活動に励んだりしていました。日没の早い秋から冬にかけては、部活動を終えて下校する時間にはすっかり辺りが暗くなっていた。そんな経験をお持ちの読者は少なくないでしょう。

そしてそこには授業が終わっても生徒の部活動を見守る顧問の教師の存在がありました。「熱心な」顧問になると休日の試合にも部員を引率して出掛け、休日返上で部活動することも珍しくありませんでした。読者の中には、そうした顧問の姿を見て少しだけ尊敬の念を感じてくれた人もいたかもしれません。

でもその顧問の教師がどういう立場で部活動に関わっていたかまで考えたことのある人は少ないのではないでしょうか。

教師にとって部活動の顧問は、たくさんある学校内での仕事の一部にすぎません。授業はもちろん、校務と呼ばれる各種の事務仕事を分担する必要もありますし、担任する生徒の保護者への対応など定形外の「仕事」が生じることも少なくありません。部活動に熱心な教師も、部活動が終われば、こうしたさまざまな仕事をこなしていかなくてはならないのです。

顧問として部員たちの指導に励めば励むほど、そのあと遅くまで残って必要な仕事をやらなければならないのです。当然、どれだけ遅くまで残っていても、先に触れたように「残業代」はカウントされません。

それでも「教員がブラックな職場」と世間から見られるようになる前は、いくら遅くまで残っていても、それは各教師の「裁量」の範囲と考えられていました。ところが最近では「働き方改革」という名の下に、無制限の居残り「残業」は許されないような空気が学校にまで押し寄せるようになりました。

こうなってくると、部活動の顧問をやることを負担に思う教師が増えてきます。

部活動の顧問の仕事をやらなければ、中学校なら自分の担当する専科の授業を終えたあと、毎日のルーティンの事務作業を処理すれば、生徒指導が絡む「突発的な事件」でも起きない限り、午後6時前に退勤できます。

ところが部活動の顧問の仕事をしているとこうはいきません。生徒たちが部活動を終え、下校したのを確認すると早くても午後6時はすぎてしまいます。そこからその日に対処すべき業務をはじめれば午後8時、9時までかかってしまうでしょう。もちろん残業代は支払われません（前章で述べたように先に支払われているという考え方です）。

「だったら部活の顧問なんか、やりたくない」

それが若い教師たちの本音となってきているのです。

文科省は部活動の地域移行を進めようとしている

こうした若手教師を中心とした部活動の顧問に対する負担感の増大を文部科学省も認識していて、いま「部活動の地域移行」を進めようとしています。

現在学校に通っている子どもを持たない読者にとって「部活動の地域移行」といわれても、何のことかわからないという人もいるのではないでしょうか。文科省が主導する「部活動の地域移行」とは、中学校や高校でこれまで教師が行ってきた部活動の指導を、地域のクラブや団体に肩代わりしてもらおうというものです。

これを具体化するために、スポーツ庁と文化庁が２０２２（令和4）年12月にガイドラインをつくりました。最初にターゲットになったのは「公立中学校の休日の運動部の部活動」でした。これをまず優先して、段階的に地域移行しようというのです。スタートは2023（令和5）年度。ここから3年間かけて進めていくことになっています。

実際の地域移行の状況を見ると、市区町村が地域の団体と連携したり、体育・スポーツ協会が主体となって運営したりするなど、いろいろなタイプがあるようです。

私立学校や高校、文化系の部活動などについては、それぞれの学校や地域の実情があるので、それに応じて進めてほしいというのが文科省の方針のようです。

部活動の地域移行にはこんなメリットがある

地域移行とは指導を肩代わりするだけでなく、部活動を学校の外で行う場合もあることを意味しています。

これまで学校の部活動の指導は、学校教育の一環であることから先にも触れたように学校の教師が無償で行ってきました。しかも部活動は平日だけにとどまらず、土日や祝日にも行われてきました。運動部などの公式戦や練習試合は休日に学校とは別の場所で行われるのが普通です。

その結果、中学校では、本来は教師の休日であるはずの土日や祝日を返上して、ときには学校以外の場所で部活動の指導をせざるを得ず、それが教師の長時間勤務の大きな要因といわれ、それを負担と感じる教師が増えていることはすでに述べました。

したがって公立中学校の運動部にスポットを当て、しかも休日に限って「地域移行」するというのは、アイディアとしては悪くないと私も思います。

文部科学省が2023（令和5）年に公表した調査（教員勤務実態調査（令和4年度）の集計（速報値）について）によれば、こんな実態が明らかになっています。

●教員の約8割が部活動の顧問を担当している
●担当する部活動のうち4日以上活動しているものが8割にのぼる

つまり部活動の指導がなければ、教員の勤務時間は大幅に短縮できることになります。

地域移行のメリット①教員の勤務時間が確実に短縮される

ですから部活動の地域移行が進めば、教員の勤務時間は確実に短縮され、部活動に対する負担感も大きく軽減されると思われます。そうなれば教員人気の低下にも歯止めがかかるかもしれません。

地域移行のメリット②多くのメンバーが必要な競技も行える

生徒の側からこの地域移行を見た場合にもメリットがあると考えられます。

それはひとつの学校という枠組から外に出ることで、サッカーやラグビー、野球などチームを編成するのに多くのメンバーが必要な競技も行えるというメリットです。

地方に行けば行くほど過疎化や少子化によって団体競技のチーム編成が難しい学校も少なくありません。こうした状況を打開する上でも、ひとつの学校という枠組みにとらわれず、地域の複数の学校から集まってチームを結成する地域移行というアイディアは秀逸であるといえます。

地域移行のメリット③技術が向上する可能性が高い

また、専門の指導者がいるスポーツクラブに地域移行が可能になれば、生徒の技術が向上することも期待できます。学校単位の部活動で顧問が必ずしも優れた指導スキルを持っているとは限りません。それに対して地域に開かれたスポーツクラブに地域移行すれば優れた指導者や専門家から指導を受けられるというメリットも広がります。

さらに、地域移行がうまく進めば地域で育ったクラブの対象年齢が広がることで、小中高という学校の切れ目とは無関係に好きなスポーツに打ち込めるというメリットも出てきます。

もちろん地域移行にはデメリットもある

もちろん地域移行にはデメリットもあります。

地域移行のデメリット①地域に受け皿がないかもしれない

東京・大阪といった大都市圏ならともかく、私が教師を続けてきた岡山でも、すこし郊外に行くと地域に適切な指導者がいない、練習場所がない、といったデメリットを心配する声が上がる可能性があります。学校の部活動にあったのと同じ種目を指導できる人材を確保できるとは限らず、設置可能な種目が限られます。また、指導者や練習施設が遠方にしかない、といった問題が発生しやすくなります。

地域移行のデメリット②授業が終わったあとの居場所がなくなる!?

地域移行によって子どもたちの授業が終わったあとの居場所が減るのを心配する声もあります。学校の部活動に参加している生徒たちの中には「スポーツがやりたい」「文化活動がやりたい」という目的で参加していることも多いですが、友人との付き合いや、放課後や週末の時間を過ごすために部活動に参加している中学生も少なからずいます。そういう生徒は学校に部活動があるから参加しています。代わりのクラブや団体が地域にできたとしても、わざわざそこまで行って代わりに入るでしょうか。つまり部活動が地域移行されることで、一部の生徒は授業が終わったあと行く場所がなくなってしまうかもしれないのです。

地域移行のデメリット③保護者の負担が増える

部活動の地域移行によって保護者の負担が増える可能性が高いです。学校以外の指導者や設備を使えば、そこには費用が発生します。外部の場所を利用すれば、そこへの送迎にお金と時間がかかります。それらを保護者が負担することになれば「部活動の有料化」につながります。そうなれば部活動に参加できるかどうかは保護者の経済状況に左右されることになります。もしそこを考慮して行政が費用を負担するとなれば、そうでなくとも経済的に厳しい状況に置かれている地方の自治体にとって、部活動の地域移行は絵に描いた餅になってしまいそうです。

そのほか民間のスポーツクラブなどに地域移行させることによって結果至上主義が過熱し、本来の部活動の目的が蔑ろにされるのではないかと心配する向きもあります。

部活動指導員として休日にテニス部を指導

ここまで、現在文科省が進めている部活動の地域移行について『用語解説　部活動地域移行』（ベネッセ教育情報２０２３年10月31日付記事）というネット記事を下敷きに紹介してきました。文科省はこの部活動の地域移行を２０２５（令和７）年度から具体化させていこうと考えているようです。

これについて私の個人的な感想を言えば、現場では具体化に向けた動きは、うまくいっていないと思います。岡山県の中心である岡山市で見ても、部活動の地域移行に関して全く動きはありません。ただ岡山市の隣にある総社市というところが、先に紹介したスポーツ庁と文化庁が２０２２（令和４）年12月につくったガイドラインに沿って「部活動指導員」を公募する制度をつくりました。これは「公立中学校の休日の運動部の部活動」をまず優先して段階的に地域移行を進めようという文科省の意図に沿ったものでもあります。

実は、私は教員を退職後この制度に応募、２０２３（令和５）年の12月から総社市のA中学校で部活動指導員として休日（私の場合は土曜日）に3時間だけテニス部を指導しています。

採用にあたっては教育委員会で面接があり、単年度毎に任用される「会計年度職員」として採用され、その後「A中学校でテニス部の部活指導員として勤務してください」と言われ、さらにA中学校の校長と面接しました。

このA中学校は私にとって中学校の教員としての「初任地」にあたるので、非常に懐かしくもあり嬉しくもありました。校舎はすっかりきれいになっていましたが、生徒の数は半分になっていました。もちろん教員も生徒も当時とは全く変わっていましたが、テニス部の生徒の保護者の中に、昔、私が教えた子がいて、旧交を温めました。

部活動指導員手当は時給1600円で3時間分

部活動指導員としての勤務時間は土曜日の午前8時30分から11時30分までの3時間で、手当は時給1600円の3時間分の4800円です。

指導時間は現状では3時間が上限となります。これは一般の教員が休日に部活動の顧問として勤務する際の時間と手当が準用されているものと考えられます。

総社市では部活動指導員の資格として指導する部活動の経験者であることが条件で、教員免許は不要。大学生でも可となっています。

私は学生時代もテニス部で教員時代もずっとテニス部の顧問をしていたので「資格あり」と認められました。

総社市の市長は教育に力を入れており、他の自治体に先駆けて「部活動指導員制度」を導入しましたが、採用した部活動指導者の資質を向上させるため、駅伝監督で有名な青山学院大の原監督にお願いして毎年講演をしていただいています。

総社市では2025（令和7）年度からは、複数の中学校で合同チームをつくる準備を進めており、私もその方向で準備してくれと要請を受けています。総社市は部活動地域移行へ向けてさらに一歩を踏み出そうとしています。

都会と地方の放課後格差

総社市の例は全国から見れば、まだまだ特殊な事例だと思います。人口5万人ほどの総社市は岡山市に隣接したベッドタウンです。中学校は全市で4つしかないので部活動指導員の確保に関していえば、数の上でも予算の上でもそれほど難しいものではなかったともいえます。隣接する岡山市では、例えば中学校が38校あることから、総社市と同じように部活動指導員を確保しようとすれば数の上でも予算の上でも非常な困難に直面するでしょう。ですから岡山市は「休日の運動部を対象にした部活動指導員の配置」という部活動の地域移行におけるスタートラインにも立てていません。

これは岡山市だけの問題ではありません。ほとんどの地方自治体が岡山市と同じような問題を抱えています。

●地方の自治体が部活動の地域移行に踏み出せない理由①指導者不足

これは私自身、しみじみと感じてきたことですが、地方に行けば行くほど専門性を持った指導者がいないのです。多くのメンバーが必要で体と体の強い接触があるサッカーやラグビーといった部活動には、危険性もともなうことから高度な専門性を備えた指導者が不可欠です。

しかしこうした優れた指導者は都市部に集まる傾向がありますし、稀に地方にいるとしても、そうした人材はすでに学校で部活の指導者をしていることが多く、これを他の人材で置き換えるというのは現実的ではありません。

●地方の自治体が部活動の地域移行に踏み出せない理由②専門性の高い指導者を雇用する予算がない

今のところ文科省は「部活動の地域移行」について具体化に向けた予算的な裏付けに言及していないのでなんともいえませんが、現状では地方自治体が主導して部活動の地域移行を行わざるを得ません。

　そうなると問題は専門性の高い指導者を雇用するための予算になってきます。これも地方へ行けば行くほど現状維持が精一杯で、新たに予算措置を講じて専門性の高い指導者を雇用する余裕はありません。

　この①指導者不足と②専門性の高い指導者を雇用する予算がないという問題は、実は文科省が「部活動の地域移行」という方向性を打ち出す前から、地方に行けば行くほど深刻になっていたのです。

　生徒たちの放課後の活動に欠かせない部活動は、すでに地方に行けば行くほど危機に瀕している状態なのです。私はこれを「都会と地方の放課後格差」と呼んでいます。

完全に学校から切り離さないと地域移行はできない

　とにかく地方における部活動の指導者不足は深刻です。私のように学生時代からテニスに打ち込み現役の教員時代もテニス部の顧問をやってきたというのは幸福なケースで、ほとんどの教員が自分は専門的にやったことのないスポーツや文化活動の顧問をやっているのが現状です。

これを指導される生徒の側から見れば、全くの素人から指導を受けることになり、場合によっては命の危険さえともないます。

この問題を解決するには部活動を完全に学校から切り離すしかない。それが私のたどりついた結論です。

部活動を負担に感じる教員が増える一方で、学校には部活動をやりたい教員もいます。今でも自分が専門としてきたスポーツを部活動を通じて指導することを目的として教員になった人もいるのです。そういう存在をうまく利用するうえで、今のすべて学校が管理しているような部活動のあり方はなじみません。

また、今文科省が考えているような中途半端な地域移行では、結局は最終的に学校が部活動を管理することになり、現場の教員が無償で部活動の管理や指導を行うという構造は、変わらないと思います。

ここはいっそ部活動を学校から全く切り離し、NPOが運営する「地域クラブ」として再生するのがいいと私は思います。そうしない限り文科省の描く「部活動の地域移行によって教員を部活動の指導から解放し勤務時間を大幅に減らす」という構想は絵に描いた餅にすぎないと思うのです。

学校の施設を民間が管理。教員の副業許可も前提に

ではつぎに私の描く「地域クラブ」について詳しく述べてみましょう。

まず施設は今まで通り既存の学校の施設を使います。施設まで新たにつくるのは効率が悪いですからね。学校には運動場もあるし、体育館やプールもあります。文化系の活動に必要な音楽室などもあります。

それらを新たに組織したＮＰＯが行政から借りて管理し「地域クラブ」を運営する。つまりこうした既存の施設を授業中は学校が管理し、放課後は民間のＮＰＯが管理することになるわけです。

こういうふうに書くと行政との交渉が面倒な印象もありますが、以前から体育館などを休日や夜間、地元の人たちに開放するという試みはどこの自治体でも行われています。それを拡大するという発想です。

指導者は民間からも広く募りますが、最初はすでに学校の部活動の顧問として積極的に

活動している教員に声がけします。こういう人たちをＮＰＯの職員として雇用することで、今まで無償だった指導を、有料の業務とします。もちろん現在は教員の副業は禁止されていますから、それを改正し一定の枠組みの中で教員の副業が解禁されるのが前提です。

こうすれば現在無償で行われている部活動の指導に給与を支払うことができます。

学校や自治体から切り離せば広域から子どもたちが集まる

先に都会とくらべて「放課後格差」が大きくなっている地方では、部活動指導員のなり手が少ないことに触れました。その少ない部活動指導員、つまり専門性の高いスキルを持った指導者を有効に活用するには、一校で独占せず学校から切り離した「地域クラブ」の指導者とすることが必要です。そうすれば、より広いエリアに住む多くの生徒たちが質の高い指導を受けられるようになります。

私が部活動指導員をしている岡山県の総社市では、２０２５（令和７）年度から今の制度をさらに進めて複数校による合同チームの結成を視野に入れています。

例えば私が指導しているテニスでは、公式試合の団体戦に出場するためには8名がエントリーする必要があります。つまりある中学校のテニス部で部員が8名を下回った場合、単独の中学校としてテニスの公式試合に出られないわけです。そこで同じような悩みを抱えている隣の中学と合同チームを組もうというのが「合同チーム」の発想です。こうした「合同チーム」結成は地方では多く行われています。

私が提案する「地域クラブ」は、この合同チームという発想をさらに進め、行政の枠を越えて広く参加希望者を募ろうというものです。

こうすれば自分の希望する種目のある地域クラブに多くの生徒たちが集まると思うのです。

運営費は受益者負担で

問題は地域クラブの運営費をどうするかです。

先に紹介したベネッセによる部活動の地域移行についてのネット記事では、地域移行のデメリットとして「保護者の負担が増える」ことを指摘しています。たしかにNPOとはいえ民間に「地域クラブ」の運営を任せれば運営費の一部は受益者負担（参加する子どもの保護者が負担）になるでしょう。それをデメリットと考えるかどうかで「地域クラブ」という発想の評価が分かれると私は思います。

学校の放課後に行われる部活動は誰でも無償で参加できるもので、それを支えるのは教員であるという発想に立つ限り、教員は残業代のつかない長時間労働から解放されることはなく、教員人気はますます下がっていきます。

そして教員人気が下がれば、それにともなって教師の質も下がっていき、学校はますます教師にとって働きにくい場所になっていく。それが生徒にとってもいいことであるはずがありません。ますます「部活動の闇」が深くなる印象です。

こうした「部活動の闇」から今の学校を救い出すには「部活動は無償で誰でも参加できるもの」という従来の発想を覆すしかないというのが私の考えです。

つまり「受益者負担」という考え方を認めることで地域クラブの指導者に給与を支払うことが可能になるという理屈です。

そうすれば今でも限られた数ですがまだまだ存在する「部活動をやりたい教員」を地域

クラブが雇用する地域クラブ指導員とすることで、活動時間の制限もなくなるし手当を多くすることも可能になるでしょう。

部活動を学校から切り離し学校を部活動の闇から救い出す

こうして部活動を「地域クラブ」として学校から切り離せば、部活動に興味のない教員は定時に帰ることができ、負担感は大幅に減ると思います。

一方「地域クラブ指導員」になった教員も定時で学校の業務から解放され、その後は「地域クラブ指導員」という別の仕事をすることになります。教員の副業を認めることで従来は無償だった部活動の時間を有給とすることができ、日曜休日の出勤や無償の残業を陰で支えてくれた家族に報いることもでき、逆の意味で負担感が減ることでしょう。

もちろん地域クラブの指導員は現役の教員だけではまかなえませんから、私のように退職した教員や学生、地域に住む専門家などを、広く地域クラブ指導員として募集していくべきであることは言うまでもありません。

これまで学校が抱え込んでいた「部活動」を「地域クラブ」として広く地域に開いてい

くことが、ひいては生徒と教員を丸ごと「部活動の闇」から救うことにつながると思うのです。

都会と地方の「放課後格差」はどうすればいい？

●部活動を学校や自治体から切り離し「地域クラブ」とする
部活動は従来通り学校を舞台としながら民間のＮＰＯが運営する「地域クラブ」として再編する。

●部活動は午後5時以降、教員が指導員になればいい
教員の副業を認め、従来の部活動を積極的に行おうとする教員を地域クラブ指導員として雇用する。

●地域クラブ指導員にはきちんとした給与を払うことで広く人材を募る
受益者負担を原則に地域クラブ指導員にはＮＰＯがきちんとした給与を支払う。それをもとに広く人材を募集する。

3

ＩＣＴ教育の矛盾

ＩＣＴ教育とは何か

今、国（文部科学省）は全国の公立の小中学校を中心にＩＣＴ教育を推し進めようとしています。

ＩＣＴ教育、ＩＣＴ授業はパソコンの仕組みを教えること、あるいはプログラミングを教えることではありません。

ＩＣＴ教育とは、従来教科書やノート、黒板などを使って（アナログで）行っていた教育を、パソコンやタブレットといった情報端末やインターネット（デジタル）を活用して、ひと昔前には考えられなかった教育活動として行おうというものです。

では、そもそもＩＣＴとは何でしょうか？

ＩＣＴとは「Information and Communication Technology」、つまり〝情報通信技術〟の訳語です。この言葉は、情報通信技術そのものを意味するだけでなく、インターネットを利用した産業やサービス、コミュニケーションなどを総称する場合が多い言葉です。

これによく似た言葉に「ＩＴ（Information Technology）」があります。これは情報技術そのものを意味する言葉です。パソコンのハードウェアやアプリケーション、ＯＡ機器、インターネットなど情報処理を行うための技術といった意味が強く、「IT教育」という言い方をする場合には、例えばパソコンの仕組みを教えたりコンピュータのプログラミング技術を教えたりするといったニュアンスで使われてきました。

これに対してICTは「IT」の中に「Communication（通信、伝達）」という言葉が入っていることからもわかるように、ITよりもコミュニケーションの重要性がより強調されています。

つまり高度に発達した情報通信技術＝ICTを活用した情報や知識のやり取り、人と人とのつながり＝「Communication（通信、伝達）」に重きが置かれており、それを教育現場で活用しようというのがICT教育です。

新型コロナウイルスが加速させた公立学校の「ICT教育環境」整備

文科省は2019年、公立学校のICT教育環境を整備するため「GIGAスクール構想」を打ち出しました。GIGAスクール構想とは、全国の小中学校の児童・生徒を対象に「1人1台の情報端末」と「高速ネットワーク環境」を整備することで高度なICT教育環境を整備しようという取り組みです。

当初、このＧＩＧＡスクール構想の整備完了目標は２０２３（令和５）年度中とされました。ところが２０２０（令和２）年に新型コロナウイルス感染拡大による緊急事態宣言が発令され、全国の学校が臨時休校となる事態になりました。

そこで叫ばれたのが「学びを止めない」のスローガンでした。これを実現するためには折から進められていたＧＩＧＡスクール構想を前倒しで進めることが有効とする政府の判断で予算が増額されたのです。

これによって２０２１（令和３）年７月には全国の公立の小学校等の96・１％、中学校等の96・５％が、「全学年」または「一部の学年」で端末の利用を開始できる状態となり、義務教育段階における学習者用端末１台当たりの児童生徒数が１・０人となりました（「端末利活用状況等の実態調査（令和３年７月末時点）文部科学省初等中等教育局」より）。

つまり全国の公立の小中学校のほぼすべてで情報端末（パソコン・タブレット）が高速インターネット環境下で使えるようになり、その情報端末（パソコン・タブレット）は１人に１台支給されることになったのでした。

因みに文科省による過去の「学校における教育の情報化の実態等に関する調査」によると、２０２０（令和２）年３月には小学校・中学校の児童生徒が使える情報端末の数は6・6人に１台にすぎませんでした。それが２０２１（令和３）年３月には１・４人になり、その４カ月後には1・0人になるという速さでした。

１人１台貸与されるパソコンがしまい込まれている

例えば文科省のお膝元である東京都中央区では２０２１（令和３）年の４月から公立学校で１人１台タブレット端末が貸与されることになりました。

このとき貸与されたのはSurface Go 2（マイクロソフト社）というキーボード付きのタブレット端末です。

貸与されたタブレットは毎日児童・生徒が自宅に持ち帰るのが原則で、自宅では端末についているLTE機能によってWi-Fiがなくてもインターネットに接続できる仕組みになっていたようです。

持ち帰ったタブレット端末をどのように使うかですが、以下のソフトを使って学校と家庭の連絡に使ったり、家庭学習に使ったりしたようです。

・協働学習用ソフト：SKYMENU Class　／　ムーブノート

・個別学習用ソフト：ドリルパーク

・学校と家庭をつなぐソフト：Google Workspace for Education

・有害コンテンツから児童生徒を守るためのフィルタリングソフト：i-FILTER

こうしたタブレット端末とソフトウエアで1人あたり約20万円ほどの予算が必要だったといいます（東京都中央区議会議員・高橋まきこ氏のブログを参考にしました）。

私自身はICTについてはあまり詳しくないので、うまく説明できているか不安ですが、こうした環境が文科省の音頭取りであっという間に実現したのです。ここまでは素晴らしいと思います。「やればできるじゃないか文科省！」と手を叩きたくもなります。

しかし問題はここからです。こうしてコロナ禍をきっかけに日本中で児童・生徒1人に1台ずつ支給されたパソコンが、実はほとんど活用されていないというのです。なかには壊れたら直すと文科省が言っているのにもかかわらず、ほとんど使われないまま鍵のかかるロッカーにしまい込まれている学校もあるといいます。

中央区のケースではタブレットが貸与されると同時に保護者が同意書に署名、これによってハード・ソフト合わせて20万円ほどのタブレットが破損した場合は、故意や重過失がなければ保険でカバーすることになるそうです。ですから学校や保護者が心配する必要はないと私は思います。

それなのに、なぜ1人1台貸与されたパソコンがしまい込まれているのでしょうか。

問題はＩＣＴを活用した授業ができる先生が少ないこと

一番の問題はＩＣＴを活用した授業ができる先生が少ないことでしょう。

日本の学校では昔から黒板を背にして先生が立ち、教室にいる生徒全員に向かって講義をする、いわゆる一斉授業のスタイルが一般的です。重要な部分は先生が黒板に書き、生徒はそれをノートに書き写す。質疑応答はほとんどないというスタイルです。

こういうスタイルの授業にパソコンやタブレット、インターネットをどうやって組み合わせていくか。これは難問です。

従来、学校で新しい教え方を取り入れる際には、文科省の主導で研修会が行われたり、最先端の授業を行う学校で研究授業が公開されたりするものです。

ところがＩＣＴ教育について見てみると、学校の授業でどのようにＩＣＴを活用するのかを広く説明する研修会や活用事例を示す研究授業などがほとんど実施されていません。現場の教師に対して「ＩＣＴ教育はこう進めればいい。そうすればこういう結果が出る」といったような方向性が文科省から具体的に示されていないのです。

現場でもこうですから教員養成大学（教育学部）でも、学生に対してＩＣＴ教育について教えることができていません。その結果ＩＴに強いといわれる最近の若い先生たちも「ＩＣＴを活用した授業」となると大学で教わっていないので、苦手な人がほとんどです。

こうしたことから全国の公立小中学校に1人に1台の割合で整備されたパソコン・タブレット端末は、実際の授業の場では有効に活用されておらず、使われていても家庭と学校との連絡用といった用途がほとんどの状態になってしまっているのです。

ＩＣＴ教育の先駆者＝工藤勇一氏

このようにパソコン・タブレット端末が死蔵されてしまっているのは、実にもったいないことです。そこでこうしたパソコン・タブレット端末をＩＣＴ教育にどのように活用したらいいのか、私なりに考えてみました。

そのとき参考になったのがＩＣＴ教育の先駆者ともいえる工藤勇一氏のお書きになった本や、ネット等での発言でした。

工藤氏は東京都千代田区立麹町中学校の校長時代に従来学校で当たり前と考えられていたことをつぎつぎと覆し、周囲を驚かせました。

例えば宿題の廃止です。全員に平等に課せられる宿題は、すでに理解している生徒には無駄であり、理解していない生徒には重荷であるというのが廃止の理由でした。

学期の中間と期末に行われてきたテストについても、ある時点での学力を切り取って評価することに意味はないとして、これも廃止しました。

さらには、生徒に責任を持ちすぎることが生徒の自立を妨げるという理由で学級担任制も廃止しました。

工藤先生の提唱された考え方の中で私がもっとも惹かれたのは「個別最適化学習」でした。少し工藤先生の書かれたものを引用してみます。

「麹町中学時代に経済産業省の協力も得て、２０１８年から『個別最適化学習』の実証実験を行いました。大きな教室に生徒たちを集めて数学の学習をしたのですが、この時間、自分がどこを学ぶのか、そしてどのような方法で学ぶのかを自分で選べるようにしました。生徒たちはそれぞれがＩＣＴを使ったり、好きな問題集を使ったりしながら、一人で学んだり、生徒同士で教え合ったり、個別に先生に聞いたりとそれぞれ自分が一番いいと思ったスタイルで勉強するのです」（ＮＩＫＫＥＩ ＳＴＹＬＥアーカイブ『校長ブログVOL.2』）

https://www.nikkei.com/article/DGXMZO65361570T21C20A0000000

数学はＩＣＴを使った授業がやりやすい

工藤氏が提唱する「個別最適化学習」に、これからの日本の学校でＩＣＴ教育を行っていく際の大きなヒントがあると私は考えています。そのポイントを私なりに整理してみるとつぎのようになりました。

- ●数学はＩＣＴを使った映像授業がやりやすい
- ●ＩＣＴを活用すればいろんな子どものレベルに合わせた授業が同時に実現する

●生徒が個々に自分のレベルに合わせた映像授業をＩＣＴを使って選べばいい
●ネットの中には実際の担任が行う授業よりわかりやすい授業がたくさんある

なぜ数学はＩＣＴを使った映像授業がやりやすいかというと、それは基礎となる公理や公式の理解度が問題を解く能力と直結しているからです。

例えば代数を学習しようとしている生徒がいたとしましょう。もしこの生徒が因数分解を理解できていないとしたら、それ以上のレベルアップは不可能です。まずは因数分解の基礎から理解を積み重ねていく必要があります。

つまり数学においては、その生徒がどこで躓いて「数学という授業についていけなくなっているのか」本人も指導する教員も理解しやすいといえるのです。

そこがわかれば躓きの原因となったところに戻って理解を深めればいいことになります。その際に役に立つのがＩＣＴです。生徒に貸与された1人1台のパソコン・タブレット端末から最適な映像授業にたどり着くことができれば、その生徒は授業から落ちこぼれることなく、自分にとってその時点で最適な授業を受けることができるのです（個別最適化学習）。

個々の生徒に適したコンテンツを推薦することが教師の役割になる

今まで日本の学校で行われてきた一斉授業では、こうした個別最適化学習は不可能です。因数分解が理解できない生徒がいたとしても、教師はある段階で、それは理解できたものとしてつぎのステップに行かざるを得ません。一方で理解度の高い生徒にとっては、一斉授業の進捗速度は遅すぎて時間の無駄と感じることにもなりかねません。

それがＩＣＴを駆使した個別最適化学習であれば、個人の理解度に合わせたスピードで進めることができるので一斉授業のような「無駄」な時間がありません。

このあたりのことについて工藤先生はこうも書いていらっしゃいます。

「効果はてきめんでした。中学1年間の数学の授業時間は計１４０時間あるのですが、数学が比較的苦手だという生徒でも約70時間で1年の授業範囲を終了。成績上位の生徒は5分の1程度の時間で終わり、なかには中1で中3や高1の単元まで進んだ生徒も出ました。その効率性には驚きましたが、何よりこのスタイルの学びの良いところは、生徒の『学ぶ意欲』『学び方』が養われていくからです」（同）

こうした個別最適化学習のスタイルは教師の役割も変えていきます。従来のように一斉授業の中心にいた教師という存在は姿を消し、授業の主役は生徒自身にかわるのです。先の工藤先生の言葉にもあったように「ＩＣＴを使ったり、好きな問題集を使ったりしながら、一人で学んだり、生徒同士で教え合ったり、個別に先生に聞いたりとそれぞれ自分が一番いいと思ったスタイルで勉強する」（同）生徒たちを陰で支える役目にかわるのです。

ＩＣＴについていえば、つねに個々の生徒の達成度を把握し、相談があればその生徒に最適なコンテンツ（映像授業や映像資料）を推薦できるようにすること。それがＩＣＴ教育においてもっとも重要な教師の仕事になるのです。

先生も再び頼りにされ、信頼される存在に

教師と生徒の関係もかわっていきます。

従来の一斉授業では教師は常にそのクラス全員に向かって講義をしてきました。まるで全員が同じように理解できているかのように。ところが実際には理解度が高い生徒にとっ

ては「わかりきっていることをクドクド話す」存在であり、理解度の低い生徒にとっては「わけのわからないことをクドクド話す」存在でしかありません。

その結果「できる子」からは無視され「できない子」からは疎まれることになるのが教師という存在でした。

こうした従来の教師の立場もＩＣＴ授業の導入によって大きくかわります。生徒が直面している課題を解決するために必要なコンテンツは何か。常にこうした視点から学習ソフトやインターネット上の映像授業、映像資料をチェックし、生徒に提供できる能力を持つことで信頼される教師となり尊敬もされるようになります。

評価は単元毎に行う

ＩＣＴ授業ではＡＩを駆使した学習ソフトなどを利用すれば、単元毎の理解度を細かくはかることが可能になります。

学習ソフトによってはＡＩが生徒一人ひとりの学習進度や習熟度に合わせてコンテンツを提供してくれます。パソコンやタブレットの画面にその生徒の学力に応じて「解けるはずの問題」が自動的に出題されます。もしできなければＡＩが分析して、過去の単元でその生徒が躓いているポイントを探し出してくれます。そしてその原因を解決するためにその生徒が解くべき問題を出してくれるという仕組みです。そのデータをリアルタイムで分析してくれるので、教師は生徒たちの理解度がどの程度進んでいるのか瞬時にわかるのです。

つまり従来の定期テストのような「評価のための評価」ではなく、理解できない部分に戻って学習を繰り返すことで、理解度を向上させるという本来の評価が実現することになるのです。

よい授業はシーンとしたものという神話がネックに

ここで紹介している個別最適化学習はＩＣＴ授業だけで成り立つものではありません。工藤先生も書かれているように「それぞれ自分が一番いいと思ったスタイルで勉強する」のです。

ＩＣＴを使ってもいいし、好きな問題集を使ってもいい。一人きりで学ぶのもありだし、生徒同士でお互いに教え合ったり、個別に先生に聞いたりしてもいい。

そこに生まれるのはシーンと静まりかえった教室で黒板を背にした教師だけが講義をしているというスタイルとは真逆の授業風景です。教室のあちこちから生徒同士あるいは生徒と先生のかわす話し声がまるで漣のように聞こえてくるでしょう。工藤先生はこの状況を指して「カオス」のようだと書かれています。

ＩＣＴを授業に取り入れ個別最適化授業を行おうとする際に、もっとも障害になるのは、がやがやした授業がよくない授業、生徒がシーンとして教師の話を聞いているのがよい授業という「神話」です。日本人が長い間当たり前だと考えてきた一斉授業方式を打ち壊して生徒・児童が互いにコミュニケーションを取りながらワイワイガヤガヤしながらつくっていく授業がよい授業という新しい考え方を取り入れることが大切なのです。

ＩＣＴを教育で活用するにはどうすればいいか？

●生徒それぞれのレベルに合わせた学習に活用すべき（わからないところを先生に聞く）
●シーンとした授業がよい授業という思い込みを捨てる
●がやがやした授業にこそＩＣＴ教育の王道がある

コラム：文科省が現場を知らない

「文科省をなくせ」と言っているわけではない。

本書を読んだ人は私が文部科学省のやり方に批判的な意見を述べていることから、誤解をされるかもしれません。そこで私の立場をここではっきりさせておきます。私は「文科省があるから日本の教育がだめになる。文科省をなくせ」という極端な意見に与するものではありません。

文科省には優秀なエリート官僚が集まっており、やり方次第によっては日本の教育現場を大きく変えていくことも可能になると思っています。

現場の声を聞けない体制が問題

ただ問題なのは、現在の文科省は現場の教師の声を「聞かない」、いや「聞けない」仕組みになっていることです。

文部科学省が開くさまざまな会議に現役の教師が参加し、文科省のエリート官僚の前で意見を述べる機会はなぜか設けられていません。そのため文科省のエリート官僚は、例えば本書でもすでに述べた「一般の教員が新人を含めて管理職の言うことを聞かなくなっている」という現実を知らないのです。

牛乳をテトラパックにする理由を知らない

昔にくらべて「大人しくなった」最近の中学生ですが、荒れている公立中学の中には、今でも上階から牛乳瓶が降ってくるような学校もあり、それを怖れた学校の中には給食の牛乳をガラス瓶から紙のテトラパックに代えているところもある。そんな現実を文科省のエリート官僚は知りません。

現場経験のないエリートが現場の施策を打ち出す矛盾

最大の問題は文科省のエリート官僚が教育の現場で経験を積むという仕組みがないことです。現場を知らない人間が教育現場に対して重要な施策を打ち出していくというのは誰が見ても矛盾しています。そのような矛盾が発生しているのが、今の日本の公教育の現場の姿なのです。

また、文科省のエリート官僚は、現実離れした施策を上から下に降ろしていくだけで満足しているようにも見受けられます。

例えば全国学力学習状況調査。生徒に対する効果的なフィードバックが不充分であるにもかかわらず、無駄に膨大なコストがかかっています。

文科省が変わらないと何も変わらないというのが、長年現場の教師をやってきた私の実感です。先に触れた「部活動の地域移行」でもそうですが、方向性だけを出してそれを上から下に降ろしていくだけの文科省のやり方は現場の教師に負担を強いるだけ。しわ寄せがくるのはいつも現場の教師なのです。

教育行政の構造を変えないと50年後の日本に未来はない

とはいえ文科省の官僚も所詮「中間管理職」でもあります。文科省の上には財務省がいて財源をにぎっており、その上には自民党があって日本の教育を牛耳っています。その構造を変えないと50年後の日本に未来はないと私は思います。

ではこうした構造を変えるにはどうしたらいいか。

私は選挙によって国民が「ノー」をつきつけるしかないと思います。

「教育の改革を訴えても票に結びつかない」現実を変えない限り、日本の教育は変わらないでしょう。

4

PTAはなぜなくならないのか

95%はやりたくない「PTA役員」

私は先に「部活動の闇」として教員、特に若い教員を中心に部活動の顧問になることを重い負担と考える人が増えていることに触れました。それが学生の教員人気の低下につながり、さらには教員全体の質の低下を招いている大きな要因であるとも述べました。そしてそれを根本から解決するためには、部活動の管理運営を学校から切り離しNPOに移すしかないという提案もしました。

もうひとつ、今のような関わり方から学校を切り離すべきだと考えているものがあります。それはPTAです。

PTAは、Parent（保護者）Teacher（先生）Association（つながり）の頭文字をとったもので、学校に子どもを通わせる保護者とその学校の教職員で構成された社会教育関係団体です。

例えば大阪市教育委員会が公開している「PTA活動の手引き」にはPTAの構成員についてこう述べています。

「PTAは、その学校園に在籍する子どもの保護者（父母またはそれに代わる者）と、その学校園に勤務している教職員を会員として構成されるものです。個々の会員が対等な関係にあり、平等に権利を持ち、義務を果たすものです。保護者会と異なって、保護者も教職員も子どものためによりよい教育を実現させるという共通目標に向けて、共に考え、学びあう組織です。学校・地域・家庭を通じて子どもの生活を知り、教育環境の改善を図るには、このような組織が必要です。保護者会員も教職員会員も同じ会員として、自由に意見を交わし、一緒に活動できる会とするために、全会員の意志を尊重した民主的な運営が行われることが大切です」

これを読む限りＰＴＡは子どもたちにとって必要不可欠であり、保護者も教職員も皆がこぞって入会したくなるような組織であると考えられます。

ところが今多くの教職員や保護者がこのＰＴＡ活動を負担に感じています。特に日常的なＰＴＡ活動を支えていくことになるＰＴＡ役員となると、私の認識では保護者の95％が「やりたくない」と思っているように感じます。

「くじ引き」「義務化」は当たり前

そのため新学期がはじまって最初の保護者会と前後して行われるＰＴＡ役員の選出は、独特の緊張感と重苦しい空気に包まれます。

「誰か立候補してくれる人はいませんか」

そう役員選出担当が声をかけますが、そんな声に応える人はいません。お互いに顔を見合わせながら時間だけがゆっくりと流れていきます。誰かがこの重苦しい空気に根負けして「私がやります」と言い出すまで、互いの根くらべは続きます。

こうした不毛な時間を解決しようと学校全体で「くじ引き」を採用している学校もあるようです。誰もＰＴＡ役員をやりたくない、あるいはやれない事情を持っている。だから「くじ引き」をしよう。くじ引きなら平等だというわけです。

また子どもが在学中に１人につき必ず一度はＰＴＡ役員をやること（義務化）を決めている学校もあるようです。

もちろん「くじ引き」にも「義務化」にも保護者の中には不満があります。

「くじ引きなら平等といえるのですか」

「フルタイムで働いていて役員会には出席できない」
「乳児を抱えていて役員会に出席できない」
「お子さん1人なら一度でいいのに、うちは兄弟が3人いるので3回役員をやることになる」

いろいろな意見があります。

問題は、こうしたPTA役員の選出の光景について、ここ20年ほどの間に子どもを学校に通わせたことのある保護者の方なら誰もが「うん、うん」と頷くだろうことです。こうしたPTA役員になることが保護者にとって大きな負担になっているという状況は、ずいぶん前から変わっていないばかりか、ますますひどくなっているような気がします。

PTAの解散に踏み切るところも

こうした状態を反映してPTAを解散する学校も出てきはじめました。東海テレビの報道によれば東京都立川市立柏小学校では保護者へのアンケートで98・7%が解散に賛同。2022(令和4)年度からPTA解散を決めたといいます。学校側も「時代を考えるとそれも変革のひとつ」と受けとめたとのことです。

柏小学校PTA会長・吉澤康貴さんは番組の中でこうコメントしていました。

「人が決まらなくてできなくなる時期が数年後には起こりうるんじゃないかと、もともと感じていました。5年間、PTA会長をやらせてもらっている中で、毎年毎年、同じ時期に同じことをしてという繰り返しで……。ほんとうに子どもたちのためになっているのか、私の中で疑問に思うことが多々ありました」(同)

クジ引きや義務化でもPTA役員が決まらないという事態は起こりうるでしょう。そのときジタバタしても遅い。その前にPTA会員全員の同意の下で解散するという吉澤さんの決断は素晴らしいと思います。PTA役員をお互いに押し付け合って、それでほんとうに子どもたちのためになっているのかという吉澤さんの言葉には重いものがあります。

PTA業務のアウトソーシングもはじまった

こうしたPTAの解散という重い決断をするところがある一方で、

「PTA役員のなり手がないのは仕事の負担が重いからだろう。それを保護者から肩代わりすれば新しいビジネスが生まれる」

そう考えた企業も出てきました。ＰＴＡ役員の負担軽減のためＰＴＡ活動を代行するサービスをはじめたのは大手旅行会社の近畿日本ツーリストです。

きっかけは長年にわたって修学旅行を請け負ってきたことだといいます。そこからさらに教育現場の力になりたいと考え、そこから生まれたのが「ＰＴＡ業務アウトソーシングサービス」だったそうです。

同社のＨＰでは「目の前の子どもたちと向き合う時間をもっと増やせるよう、保護者の皆様や、先生方をサポートいたします」とあります。(https://gtc.knt.co.jp/pta/)

近畿日本ツーリストが展開するこのサービスのメニューは多岐にわたります。

●印刷・デザイン：広報誌などの印刷、デザイン、封入発送など
●ＷＥＢサイト作成：ＰＴＡ専用ページの開設など
●人材派遣：行事の受付、事務作業など、人手不足の時に
●イベント関連：学校行事やＰＴＡ主催イベントの企画〜運営、ライブ配信のプロデュースなど

●出張授業・学習支援：普段の授業や家庭学習では得られない学びをＰＴＡ主催の講演会や特別授業で

●保険：児童・生徒の賠償責任、ＰＴＡ主催行事の中止リスク、行事開催中の怪我などに備える

●グッズ関連：記念品向けの名入れ商品や行事や学校生活の思い出を残すオリジナルプリント商品など

この中から必要なものを選んで代行してもらえばいいというわけです。よくこれだけのメニューを考え出したなと思います。もちろん費用はかかりますが、これだけのメニューがあれば、保護者の負担を限りなく少なくすることができると思われます。

「ＰＴＡは任意団体」という原点に戻るべき

先の「ＰＴＡ役員をお互いに押し付け合って、それでほんとうに子どもたちのためになっているのか」というＰＴＡ解散に踏み切った吉澤さんの言葉にもあったように、ほんとうにＰＴＡという組織が子どもたちにとって必要であると考えるのであれば、くじ引き

に象徴される強制的なＰＴＡ役員の「押し付け」はやめ、役員のなり手がいないのであれば組織のスリム化やＰＴＡの解散も視野に入れることが必要になってきていると私は思います。

私が現役の教員であった頃、ＰＴＡは本来、加入も退会も自由な任意団体であるにもかかわらず「全員加入」が当たり前の雰囲気でした。今は毎年保護者にＰＴＡ加入の意志があるかどうか確認している学校が大半になってきています。それでもまだ加入の意志を確認していない学校もあります。

東京都小学校ＰＴＡ協議会が２０２２（令和４）年９月に、都内の公立学校のＰＴＡを対象に実施した実態調査（１５９校が回答）を見ても、『加入意思の確認なし』と回答したところは、27・７％となっています（ＮＨＫ首都圏ナビ）。

今は保護者に働いている人が多くなってきているという流れがあるため従来の「強制」のイメージを払拭し「任意」を強調するようになってきたのではないでしょうか。

先に紹介した大阪市教育委員会が公開している「ＰＴＡ活動の手引き」でも「ＰＴＡの課題」としてつぎのような文章を掲載しています。

「社会の変化に連れて、ＰＴＡの会員にも様々な変化が生じています。両親ともに就業している家庭やひとり親家庭も増えてきました。従来、昼間に集まって活動するＰＴＡが多く見られましたが、それでは参加できる会員が限られ、役員や委員のなり手も少なくなってきます。夜間や休日・多様な時間帯での活動、ＩＣＴの活用や参加の仕方の工夫、活動内容の検討などが課題となっています。特定の人に負担が重くのしかかったり、一部の人で会を動かす状態では、民主的な社会教育関係団体としてのＰＴＡの存在意義が薄らぎます。みんなが参加しやすいＰＴＡ活動を重視し、できるだけみんなで役割分担をするようにしたいものです。そのためにも、ＰＴＡ活動についていては、新入学児童生徒の保護者等に対して、趣旨や現状を説明するだけではなく、入学式以前、あるいは当日にＰＴＡ規約などの資料を配布するなど、ＰＴＡへの理解を図ることが原則です。そして、会員としての自覚や連帯感を高めるためにも、保護者からの同意を得た上で、入会申込書を提出してもらうことが原則です」

やはり、今一度、ＰＴＡは任意団体であるという原点に戻って、その必要性を議論する必要があると思います。

ただ、私のような退職した元教員が「ＰＴＡの必要性を議論しろ」というのは簡単なことですが、お子さんを通わせている学校の現場で「ＰＴＡは、ほんとうに必要でしょうか」と問いかけるのは、なかなかハードルが高いでしょう。

しかし誰かが声を上げないと学校はかわりません。行政と同じで学校も前例主義です。70年以上も存続し続けているＰＴＡをなくそうという動きに「イエス」という革新的な校長先生はまだまだ多くありません。まずは保護者が話し合っていかにＰＴＡ活動をスリム化していくかを考えることが重要だと思います。

そしてもうひとつ重要なことは、繰り返しになりますが、ＰＴＡが任意団体であり、加入するかどうかについては保護者が独自で判断すべきだという点を明確にすることです。

ＰＴＡが解散できないのは上部組織があるから？

ＰＴＡのスリム化を考えるときヒントになるのは各学校のＰＴＡの上部組織から機械的に降ろされてくる「割り当て仕事」をどうするかという点です。

日本のＰＴＡ組織は各学校のＰＴＡを単位にして市・町・村単位の連絡協議会・連合会がつくられています。それが県単位でまとまって都道府県単位の連絡協議会・連合会をつくります。それがいくつかまとまってブロックＰＴＡ協議会をつくり、最終的に公益社団法人日本ＰＴＡ全国協議会の活動に集約されているのです。

　各学校のＰＴＡの上部には、このように今どき珍しいピラミッド型の上部組織が形成されています。ＰＴＡの仕事の中にはこうした上部組織から降ろされてくるものも多くあります。

　例えば「上部組織」が行う講演会への動員です。これはあらかじめ各学校のＰＴＡに参加人数を割り振った上で半強制的に講演会への参加を求めるものです。建前としては広く各学校のＰＴＡから参加者を募ることになっていますが、実際にはＰＴＡの役員が手分けして参加し、人数合わせをする光景がよく見られます。まるで上部組織のために各学校のＰＴＡが存在するかのような不自然さを感じるのは私だけではないでしょう。

　もし各学校のＰＴＡがこぞって解散を表明したらこうした上部組織はどうなるのか。私などはこうした事態を避けたいがためにピラミッド型に積み上げられた「上部組織」が各ＰＴＡの解散を阻止するために無言の圧力をかけているように思ってしまいます。

　それは言いすぎとしても、学校単位のＰＴＡが上部組織から脱退するだけでも、多くの無駄な仕事からＰＴＡ役員を解放してあげることができます。こうした「無駄な仕事」を見直していけば、各学校のＰＴＡ活動のスリム化を考える上で有益であると思うのですが、いかがでしょうか。

スリム化は「子どものためになっているかどうか」の視点で

ＰＴＡスリム化を考えるときに重要なチェックポイントとして私が考えるのは、今までＰＴＡがやっていた仕事は直接子どものためになっているのかどうかという点があります。

先にＰＴＡの上部組織が行う講演活動への参加の例を挙げましたが、これは参加しなかったからといって自分の学校の子どもたちが困るわけではありません。にもかかわらずそうした活動に昼間働いている保護者が年休を取って参加するというようなことが起きているのです。それが、ほんとうに子どもたちのためになるのでしょうか。

このように考えていくと従来行われてきたＰＴＡ活動には、子どもに直接何かをやってあげるという仕事はけっして多くないのがわかります。

そういった子どもたちに直接何かをしてあげるという仕事に絞ってＰＴＡ活動をスリム化していくのはどうでしょうか。

さらにいえば、どうしても必要だが人手が足りないようなら先に挙げた代行サービスに任せることもできるし、ＰＴＡの組織でやるのではなく、行事毎にお手伝いを学校が直接募ってやることもできるでしょう。

例えば登下校の見守りはボランティアに依頼することもできるでしょう。

また体育祭の運営に必要な受付、見回りなどの仕事は学校が直接保護者にボランティアを募ってもよいのではないでしょうか。私が現役の教員だった頃は、車で体育祭を見に来た保護者が近隣の商業施設を利用しないようにするためＰＴＡが見回りなどを担当していました。

何度事前にお願いしても、学校とは無関係の商業施設に長時間駐車する保護者がいるのです。当然に商業施設からはクレームがきます。そのため体育祭の時間中、交代でＰＴＡの担当者が張り付いていました。これは毎年ＰＴＡにとって重い負担であったようです。

こうした子どもたちと直接関連すること以外の場面で、ＰＴＡに求められる仕事はけっこう多いのです。例えば、今でも私の住んでいる岡山地方では、お祭りの際にＰＴＡが補導係をすることがあります。また警察等が行う講演会に出席するようにＰＴＡが招集をうけることがあります。

もちろん、これらは子どもの教育に関わることですが、業務的な事柄であり、保護者や教師が直接やらなくてもいいことでしょう。こうした仕事をPTA役員にすべて割り振れば、かなりの負担になるのは目に見えています。

子どもたちと保護者が直接触れ合える場をつくる

逆にPTAの活動の中でも保護者が子どもたちと直接触れ合える行事は残していってほしいし、新しい試みもどんどん取り入れていってほしいと思います。

例えば私が現役時代に良かったと感じた取り組みでいえば、餅つき大会でしょうか。火を起こして蒸籠で米を蒸し、PTAの有志が臼と杵でつぎつぎと餅をつきあげていきます。それを見て生徒たちも大喜びします。都会では最近、保健所が厳しくてなかなか学校で餅つきはできないようですが、こうした行事は保護者も教師も「義務」ではなく「子どものため」を思って参加する活動なので、運営する側も楽しんでいたように見受けられました。

すべてをPTA役員が義務として行うのでなくて、役員はあくまで音頭取りの立場に徹して、行事がある度に、ボランティアを募って積極的に行っていく試みがあっていいと思います。

新たな試みとしてはつぎの2つなどいかがでしょうか。

●保護者がICT教育の担い手になる

PTAが呼びかけてボランティアを募り、ICTに詳しい保護者と児童・生徒をつなぐという試みはどうでしょうか。授業そのものに直接保護者が参加するというのはハードルが高いかもしれませんが、授業の時間以外をうまく使って保護者が先に触れたICT教育の担い手として学校教育の場に積極的に参加するのです。

まだまだ専門教育を受けた教員が少ない中でICTのプロとして活躍する保護者には、学校教育の場でその技術や知識を活かしてもらえるような仕組みをつくる。それにPTAがひと役買うというアイディアです。

●職場体験をPTAのネットワークで

PTAが「強制」や「義務」から解放され、積極的に関わってくれる会員・役員が増えれば、学校や教員との関係も変わってくるはずです。その中で教員の悩みに保護者が解決策を提示できる場面も出てくるかもしれません。

例えば小中学校で行われる「職場体験学習」です。子どもたちが実際にお店や会社に行き、働くとはどういうことかを直接体験する職場体験学習は、子どもたちにとって一生を左右する重要な体験の場ともなります。

こうした職場体験の場を確保するのは簡単なことではありません。教員はそれに四苦八苦しているのが実情です。従来の「強制」や「義務」によってかろうじて動いているPTAでは、職場体験の場の提供を教員からお願いできるような雰囲気ではありませんが、PTAが生まれ変わり、学校、保護者、生徒・児童の新たな関係が生まれれば、それも可能になるかもしれません。

PとTが平等ではないのはおかしい

PTAについて元教員の立場から見たとき、どうしても言いたいことがあります。それはParent（保護者）とTeacher（先生）が平等に扱われていないことです。

例えばＰＴＡの会議は保護者の役員の働き方を考慮して平日の夜にやることが多くなりました。この時間帯はＰＴＡ担当として出席する教員にとっては時間外勤務になってしまいますし、個人の資格で参加する教員にとっては、校務の事務仕事をする時間を割くことになり、負担は保護者より重くなっています。

また保護者に対するＰＴＡ入会の意思確認を行うのは、最近では当たり前のようになってきました。ところが教職員に対するＰＴＡ入会の意思確認は行われなかったり、強制加入を前提にしたりしているところさえあるようです。

そのため教職員にはＰＴＡを退会する自由もなく、ＰＴＡを解散するという議論をする際に、それがネックとなる場合もあるようです。

このように保護者（Ｐ）と教員（Ｔ）が平等の立場で関係を持てるような組織にすることも新たなＰＴＡを考える際に大事ではなかろうかと思います。

新たなＰＴＡの形とは

最後になりますが、このところニュースとしてよくＰＴＡ解散が取り上げられますが、その例をいくつか紹介しましょう（ダイヤモンドオンライン連載『大塚さん、ＰＴＡが嫌すぎるんですが…』２０２４年４月11日付記事　ライター・大塚玲子さんの記事を参考にしました）。

https://diamond.jp/articles/-/341858

この記事によると昨年あたりから実際にＰＴＡを解散したという事例が増えてきたそうですが、なかでもおもしろかったのが千葉県柏市立大津第二小学校ＰＴＡの例です。

ここではＰＴＡの強制加入を徹底的にやめたところ会員が激減し、２０２４（令和６）年現在では会員は校長とＰＴＡ会長を入れて５人だけになったというのです。この小学校の全家庭数は２５０程度といいますから、加入率は２％未満です。ＰＴＡ活動も徹底的にスリム化し、現在は「体操服リサイクル活動」のみというシンプルさです。

「ＰＴＡを解散する」と大上段に構えなくても、強制加入を徹底的に排除し、任意加入というＰＴＡの原則に立ち返れば、現代にふさわしい新たなＰＴＡが生まれてくるということのようです。

同じ千葉県松戸市立栗ヶ沢小学校ＰＴＡは２０２２（令和４）年度末で解散し、２０２３（令和５）年度から保護者会に移行したといいます。

栗ヶ沢小学校ＰＴＡが改革に着手したのは２０１８（平成30）年、２０２０（令和２）年度からは入会届の整備や活動の強制排除に取組む一方、会費もなしにしていました。

ただこうした改革では唯一解決できなかったのが先に少し触れた「教職員の強制加入」問題でした。これを解決するには解散しかないという判断になり、臨時総会を開いてＰＴＡの解散と保護者メンバーだけからなる保護者会への移行を決めたといいます。

その結果、教職員と保護者との関係はそれまで以上に良好なものになったそうです。

一方、兵庫県川西市では、中学校とそこに子どもを通わせることになる３つの小学校の４校が同時にＰＴＡを解散し、２０２３（令和５）年度からココスクールという保護者グループを立ち上げました。ココスクールの名称や強制加入はなし、会費もなしという運営スタイルは共通ですが、活動内容はそれぞれ違うといいます。活動に必要なお金はその都度募金で集めるスタイルです。

従来はＰＴＡへの強制参加から仕方なく活動する人が多かったのですが、そういう人がいなくなり、自らの意思で参加する保護者ばかりになったため、以前とくらべ雰囲気が明るく変わってきたとこの記事は伝えています。

保護者にとっても教員にとっても負担となっているＰＴＡをどうすればいいか

●「子どものためになっているかどうか」でＰＴＡ活動のスリム化を図る
児童・生徒の学校での生活に直接役立っているかどうかの視点からＰＴＡ活動を見直す。

●ＰＴＡ役員の選出方法を見直す
クジ引きや義務化などＰＴＡ会員同士で押し付け合うようなＰＴＡ役員の選出方法を見直す。

●ＰＴＡが任意加入団体であることを再確認する
ＰＴＡ加入の意思表示方法を明確にし、強制加入と誤解されるような印象を払拭する。

●教員の入退会の自由も保障する
教員の入退会も自由であることが明確になっていない場合はそこも明確にする。

●新しいＰＴＡのあり方を模索する
ＰＴＡの解散、保護者会への移行、会員数の激減を容認するなど、「新しいＰＴＡ」のあり方を模索することが重要。

5

変わっていく給食の現場

最新の給食実施率は95・6％。学校給食は良いシステム

日本の学校給食はうまくできた良いシステムだと思います。

文部科学省は隔年で「学校給食実施状況等調査」を実施しています。２０２３（令和5）年1月に公表された２０２１（令和3）年5月1日現在の最新の調査によれば、国公私立学校において学校給食を実施している学校数は全国で2万９６１４校あるということです。

調査の対象となったのは国公私立の小中学校及び義務教育学校、中等教育学校（前期課程）、特別支援学校、夜間定時制高等学校の合計3万９７９校で、いわゆる一般の高等学校は対象になっていません。

この調査によれば、これらの学校の平均給食実施率は95・6％ということです。

これを学校の種類別に見ていくと小学校99・0％、中学校91・5％、義務教育学校98・7％、中等教育学校（前期課程）64・8％、特別支援学校89・3％、夜間定時制高等学校66・1％となりました。

これを見ると高等学校に併設される形で整備された中等教育学校（前期課程）や夜間定

時制高等学校で実施率が低いことがわかります。

ところで学校給食には3種類あって、1つめが主食とおかず及びミルクが提供される完全給食。2つめがおかず及びミルクが提供される補食給食、3つめがミルクのみが提供される給食です。

全国の国公私立の小学校1万9107校のうち完全給食が実施されているのは98・7%となっていますから、ほとんどの小学校で完全給食が実施されているといっていいでしょう。補食給食は0・2%、ミルク給食は0・1%にすぎません。中学校も完全給食の実施率は89・1%とあと一歩で90%に迫る勢いで、前回平成30年の86・6%より2ポイントほど増加しています。

全体で見ても完全給食の実施率は94・3%であり、ほかとくらべて完全給食の実施率が55・6%と低い中等教育学校（前期課程）も平成30年の前回調査より2ポイントほど増加しています。

保護者が子どもの弁当をつくらないなんてありえない？

この最新の調査結果をインターネットで参照できるもっとも古い調査結果である2003（平成15）年のものとくらべてみました。すると小学校は完全給食実施率98・7％とすでに現在の水準に達しています。

それに対して中学校の完全給食実施率は69・0％と現在にくらべて20ポイント以上低い数値となっています。

とはいえ私が中学校時代を過ごした昭和の時代は、中学生の昼御飯といえば全国どこでも弁当が当たり前でしたから、現在より低いとはいうものの、20年ほど前には中学校の完全給食実施率が70％に迫ろうとしていたことにあらためて驚きました。

このように弁当が当たり前だった中学校の昼御飯事情が給食に置き換わっていく過程では、あちこちで「弁当持参か、給食か」という論争が起きました。それは今も続いています。

「親が子どもの弁当をつくらないなんてありえない」

弁当支持派は、このように述べて保護者である親の愛情がこもった弁当を持たせることが重要だと主張します。

それに対して給食支持派は給食こそ子どもたちのためになると主張します。

「保護者が弁当をつくれない家庭もある。それがわかってしまうのはいかがなものか」

私の息子も私立小中学校に通っていましたので、子どもの立場からだけでなく親の立場からも学校での弁当と給食の両方を体験しています。

どちらにも良いところがありますが、両親が仕事を持っている家庭が増えた今の時代、給食に軍配を上げたい気持ちになります。

またこれは、現役の教員のときに実際に感じたことですが、経済的に困窮している世帯の子どもでは、1日の食事のうちでもっとも重要な栄養源が給食の場合もあります。こうした環境にある子どもにとって学校で食べる給食は貴重です。こうした家庭環境の子どもにとって給食がなくなって弁当持参ということになったら、貴重な食事の機会が失われることにもなりかねません。

「給食費を払わない問題」は今もある

学校給食というと「弁当持参か給食か」という議論とは別に注目を集めるのが給食費の滞納問題です。

文科省が公表している「『学校給食費の徴収状況』に関する調査結果について」の最新版（2016（平成28）年調査、2018（平成30）年公表）によれば、完全給食を実施している全国の小中学校に在籍する児童・生徒のうち0・9％の給食費が未納になっています。

https://warp.ndl.go.jp/info:ndljp/pid/11402417/www.mext.go.jp/b_menu/houdou/30/07/__icsFiles/afieldfile/2018/07/27/1407551_001.pdf

同じ「『学校給食費の徴収状況』に関する調査結果について」の2005（平成17）年度と2009（平成21）年度の数字を見ると、2005（平成17）年度が1・0％、2009（平成21）年度が1・2％となっています。

つまり払えないにしろ払わないにしろ、常に1％前後の未納者は出てくるようです。

ここでいう給食費とは学校給食にかかる経費のうち、保護者が負担する費用のことをいいます。食材費が主なもので、学校給食のために施設費や設備費、人件費などは地方自治体など学校の設置者が負担すると学校給食法によって定められています。

先に触れた「学校給食実施状況等調査」の最新版（２０２１（令和３）年5月1日現在）によれば保護者が負担する給食費の平均月額は公立小学校で４４７７円です。この年は年間平均１９２回給食が実施されたそうですから、一食当たりの値段は平均約２８０円となります。

同じように公立中学校では月額５１２１円、年に１８８回、一食平均３２７円となります。

因みに前回の２０１８（平成30）年の調査では公立小学校が月額４３４３円で年に１９１回実施、一食あたり２７３円。公立中学校は月額４９４１円で１８６回実施、一食あたり３１９円となりました。

給食費を払えないときどうする？　払わないとどうなる？

保護者が経済的に困窮していて給食費を払えないときはどうすればいいかというと「就

学援助制度」が利用できる可能性があります。これは学校教育法第19条の「経済的理由によって、就学困難と認められる学齢児童生徒の保護者に対しては、市町村は、必要な援助を与えなければならない」という条文を根拠に定められた制度です。生活保護を受けている保護者、あるいは生活保護を受けてもおかしくないほど生活に困っている保護者であれば、この就学援助制度を受けられる可能性があり、就学援助制度の基準を満たしている場合、ほとんどの自治体において給食費は補助の対象となると考えていいようです。

給食費の未納が続いた場合、担任の教員が直接保護者に就学援助制度の利用を提案する場合もあるようですが、口座振替などによって直接自治体に給食費を保護者が振り込む場合は自治体の窓口で相談するのが良いようです。

すこし話が逸れますが、口座振替などによって直接自治体に給食費を保護者が振り込む制度が定着したとはいえ、日本全国の4割くらいがまだ学校集金になっています。つまり担任の教員が直接各家庭から給食費を集め、それを学校毎でまとめる仕組みになっています。これも教員にとっては大きな負担になっています。

本来学校の仕事ではないので、行政がやるべきではないでしょうか。

閑話休題。では就学援助制度の基準を満たしていない、あるいは就学援助制度を利用したくないといった理由で、未納（滞納）を続けた場合はどうなるのでしょうか？

こうした滞納が起きた場合、学校や自治体から手紙や電話、家庭訪問などによって督促が行われ、督促に応じない場合は法的措置が講じられることもあります。

文科省の「学校給食費徴収・管理に関するガイドライン」には「督促をした後、相当期間が経過しても給食費を支払われなかった場合には、訴訟手続きが行われることがある」と明記されています（ベネッセ教育情報 https://benesse.jp/kyouiku/202107/20210705-1.html）。

どんなメニューにも牛乳が付くのはいかがなものか

ちょっと難しい法律や統計の話ばかりが続いたので、ここで教員として現場にいた者として感じた「給食あるある」を書いてみることにします。

まずはミルク給食から。

先に紹介した「学校給食実施状況等調査」にもミルク給食というのがありました。お昼の弁当にミルク（牛乳）を1本付けるのも給食だということで、これがミルク給食としてカウントされてきました。

特にひと昔前、中学校の給食実施率が低い頃はとりあえずミルク給食だけを実施して、給食実施率を底上げするようなことも行われてきました。その結果（かどうかは断言できませんが）、完全給食になっても米飯給食が普及しても学校給食には必ず牛乳が添えられるようになりました。

因みに戦後給食がはじまった頃は給食といえば主食はパンでしたが、最近ではお米を中心にした献立（米飯給食）が主流になり、米飯給食の実施率は完全給食を実施している学校で１００％。週５日のうち３・５回の割合で実施されています（学校給食実施状況等調査２０２１（令和３）年）。

ここからは私の極個人的な意見であって、北海道を中心とした酪農家の皆さんに恨みがあるわけでありません。ただ、どんなメニューにも必ず牛乳が添えられるという昨今の給食事情にはもの申したい。

例えば私の住む岡山県の郷土料理であるバラ寿司が給食に出ることがよくあります。お吸い物や小鉢風なものも付いた素晴らしい給食です。ところが郷土の誇りであるこの料理にも、なぜか牛乳が付いてくる。これはおかしいんじゃないか（笑）？と言いたいのです。

2008（平成20）年6月に学校給食法が大幅に改正され、学校給食の目的として「我が国や各地域の優れた伝統的な食文化についての理解を深めること」というのが追加されました。この目的の追加によって学校給食は食育の面が見直されようになったと高い評価を受けました。にもかかわらず「バラ寿司に牛乳」というミスマッチは解消されていません。

たしかに学校給食にミルク給食があることで日本の酪農が支えられているという側面はあるのでしょうが、機械的にミルク1本添えるというのはなんとかならないものでしょうか。

つぎは「牛乳瓶かテトラパックか」究極の選択というテーマ。

そのミルク給食の主役である牛乳の容器ですが、教員も長くやっていると、この容器を見ただけでその学校の生徒がおとなしいか荒れているのかわかるという話です。

新しい学校に移動になって最初の給食の時間。はじめて配られたのが牛乳瓶であるとホッとします。それはその学校の生徒たちが荒れていない証拠だからです。読みのするどい読者はもうお気づきかもしれませんが、牛乳瓶は簡単に凶器にかわるのです。2階3階の校舎の窓から投げ落とされた牛乳瓶が当たれば大怪我をするかもしれません。喧嘩に使えばビール瓶ほどの威力はないものの立派な武器になります。

そんなわけでいわゆる「荒れた学校」ではミルク給食の容器はガラス瓶ではなく、紙製のパック、テトラパックが採用されているのです。

ですから新しい学校に赴任して最初の給食で出てきた牛乳がテトラパックだったら「気合いを入れてかからねば」と気持ちを引き締めるのでした。

そして最後に付け加えると牛乳瓶が降ってきたりテトラパックが採用されているような学校では給食費の滞納率が高いです。

学校給食は「学校給食法」に沿って実施される

学校で実施される給食は「学校給食法」という法律に基づいて実施されています。では学校給食法にいう「学校給食」は、どんな学校で行われる給食なのでしょうか。

以下にまとめてみました。

●義務教育諸学校（義務教育諸学校とは学校教育法に規定する小学校、中学校、中等教育学校前期課程、特別支援学校の小学部・中学部のことです。学校給食法第3条第1項・第2項）

●特別支援学校の幼稚部及び高等部（特別支援学校の幼稚部及び高等部における学校給食に関する法律第2条）

●夜間課程を置く高等学校（夜間課程を置く高等学校における学校給食に関する法律第2条）

また学校給食法第2条は先に挙げた義務教育諸学校で学校給食を実施するにあたっての目標として以下の7つを規定しています。

○適切な栄養の摂取による健康の保持増進を図ること
○日常生活における食事について正しい理解を深め、健全な食生活を営むことができる判断力を培い、及び望ましい食習慣を養うこと
○学校生活を豊かにし、明るい社交性及び協同の精神を養うこと

●食生活が自然の恩恵の上に成り立つものであることについての理解を深め、生命及び自然を尊重する精神並びに環境の保全に寄与する態度を養うこと
●食生活が食にかかわる人々の様々な活動に支えられていることについての理解を深め、勤労を重んずる態度を養うこと
●我が国や各地域の優れた伝統的な食文化についての理解を深めること
○食料の生産、流通及び消費について、正しい理解に導くこと

この学校教育法は2008（平成20）年6月に大幅に改正されました。改正の目的は以下のようなものでした。

●学校における食育の推進を図る観点から、学校給食の目標を見直す
●栄養教諭等がその専門性を生かして、学校給食を活用した食に関する指導を行う
●文部科学大臣が定める望ましい基準に照らして、学校給食の衛生管理を定めるものとする

この改正によって学校給食の目標が4つから7つになり、学校給食が戦後すぐの「欠食児童をなくす」ために行うという枠組みから離れ、教育の一環として実施していくことがより明確になりました。

先に挙げた7つの目的のうち○の4つが旧学校給食法で学校給食の目的とされたものです。

山形県ではじまった日本の学校給食

日本ではじめての学校給食は1889（明治22）年に山形県鶴岡町（現・鶴岡市）の私立忠愛小学校ではじまったといわれています。目的は貧困児童を救済するためでした。対象が貧困児童ですからもちろん無償で行われました。

同じ貧困児童救済のため国の補助による学校給食制度ができたのは、満州事変の翌年である1932（昭和7）年のことでした。目的は折からの不況によって子どもを就学させられない保護者が続出したため、学校給食の実施によって就学義務を果たさせようとすることでした。

第二次世界大戦がはじまると、生活物資の統制強化、戦災、学童疎開などによって学校給食制度は事実上崩壊しました。

ここまでの日本の学校給食は貧困児童救済のためが中心で、戦後になってようやく子どもたち全体を対象とした学校給食が始まることになります。

きっかけは１９４６（昭和21）年のクリスマスの日に連合軍総指令部（ＧＨＱ）及びララ委員会から贈られたいわゆる「ララ物資」（脱脂粉乳、小麦粉、缶詰など）でした。「栄養不良の日本の子どもを救うべきだ」というＧＨＱの勧告に基づいて学校給食が再開されることになりました。

実際に全児童を対象とした公的な学校給食が始まったのは、１９４７（昭和22）年の１月からです。

さらに１９４９（昭和24）年になるとユニセフによる無償のガリオワ資金が供与されるようになりました。これによって脱脂粉乳によるミルクのみの給食を皮切りに現在のお年寄りには懐かしいパン・ミルク・おかずによる学校給食が全国に普及していったのです。

１９５１（昭和26）年9月、日米講和条約が調印されるとガリオワ資金は打ち切られました。これによって給食を実施する学校は減少。さらに１９５３（昭和28）年には、水害、冷害の発生により、弁当を学校に持ってくることのできない子ども——こうした子どもたちを当時「欠食児童」と呼びました——が数十万人にものぼる事態になったのです。

教室に貧富の格差を持ち込まないために、皆が同じものを食べる、それが学校給食の使命であると考える人も多く、翌１９５４（昭和29）年には、小学校でも学校給食の普及を図る目的で学校給食法が制定されました。さらに１９５６（昭和31）年の改正によって学校給食が中学校など義務教育全体に拡大されることになったのです。

その後は先にも触れたように完全給食の実施率はどんどん上昇。２００８（平成20）年6月に行われた学校給食法の大幅改正によって教育の一環としての位置付けが明確にされたのでした。

教師にとって給食は指導の時間

こうした学校給食の流れを見てくると、学校給食の目的が時代によって変化してきていることがわかります。

戦前は貧困家庭の児童の救済と就学者の増加を促進することが学校給食の目的でした。

それが敗戦でいったんは崩壊。戦後はGHQの勧告に基づいた学校給食の時代を経て「教室に貧富の格差を持ち込まない」を目標に学校給食法が成立、小学校から中学校へ完全給食が広がっていきました。その結果現在では完全給食率は小学校では100％に限りなく近付き、中学校でも90％をはるかに超える水準に達しました。

こうなってくるとすでに見てきたように学校給食法にも教育の一環としての位置付けが明確にされました。2008（平成20）年6月に大幅に改正された学校教育法は改正の目的として「食育の推進を図る観点から、学校給食の目標を見直す」を挙げています。

このように現代の学校給食は単に児童・生徒が栄養を摂る場というだけでなく、食育、つまり食事全般にまつわる教育の場になってきているのです。

そのため、少なくとも公立学校の教員にとって給食時間は指導の時間という位置付けです。教員が自分自身のために食事を摂る時間という位置付けではありません。これは1968（昭和43）年に「小学校学習指導要領」の改正にともない、小学校の学校給食が「特別活動」の中の「学級指導」に位置付けられたことでもわかります。

そのため特に小学校では教員がゆっくり給食を味わうなんてことはできません。私は中学校の教員でしたが、担任として教室で生徒たちといっしょに食べる場合、時間はせいぜい5分くらいしかありませんでした。

「全部食べさせる」から落ち着いて食べられる「環境づくり」へ

では給食の時間に教員は何をしているのでしょうか。

これは保護者にも教員志望の学生にもあまり知られていないことなので、この機会に給食指導の中身について少し紹介しておきましょう。

給食の指導の中身も昔と今とでは変わってきています。昔は「残さず全部食べさせる」ことが指導の中心でした。偏食のある児童・生徒がある食材を食べられないときなど、食べられるまで席を立たせないといった指導は昔なら普通に見られました。今はそんな指導は影を潜め、つぎのような観点から指導することが求められています。

- 献立から食品の産地や栄養的な特徴等を学習させる
- 準備から片付けまでを指導し、手洗いや配膳の方法、食器の並べ方、はしの使い方、食事のマナーなどを習得させるこのように書くと具体的なイメージが伝わってきませんが、給食の献立に使われている食品について勉強したり、その地方特有の食文化に給食を通じて触れさせたりするなどの指導も担任教師が行う重要な仕事です。

もうひとつは食事のマナー的な側面から指導することです。最近では食事中に立ち歩きをして他の生徒に迷惑をかける子がいたり、トイレに籠もって一人で食べようとする子がいたりと、昔では考えられないような行動パターンが増えているので、そういう子を指導するのも担任教師の重要な仕事です。

またそれほど荒れていない学校でも、給食に特別なデザートが付く日には、それを運搬中の給食係から強奪しようとする子が出てくることがあります。そうした「強奪者」（笑）からデザートを守る（笑）のも教師の重要な仕事になることがあります。

学校給食はなくしてはいけない

戦後すぐ、子どもたちを飢えさせてはいけないという大人たちの想いからはじまった学校給食は、その後、学校教育の中での位置付けが変化したり、新たな目的が加わったりしてきましたが、これからも給食は学校教育の場で重要な位置を占め続けるし、そうでなくてはならないと思います。

人間の営みの基本が「衣食住」である以上、「食」の占める位置はとても重要です。食文化を勉強する場、食育を行う場としての給食の重要性はどれだけ強調してもしすぎることはないと思います。

特に最近の学校給食法の改正で全面的に取り入れられた「食育」というテーマは、両親が共働きの家庭ではなかなかできないだけに、学校給食にとって重要な使命だと思います。

また格差社会が進む現代の日本において家庭によっては子どもたちに十分な食事を与えられない家庭も出てきています。そうした経済的に困窮した家庭で育つ子どもたちにとって、学校給食は貴重な栄養を摂る機会にもなっています。現場の教員だった時代には、学校給食を1日の大半の栄養源としている子どもたちを実際に見てもいます。こうした子どもたちのためにも学校給食は絶対になくしてはいけないと思います。

学校給食は「みんなが平等」を目標にする日本の学校教育の要ともいえる存在なので

す。

ただ現場の教員として学校給食を体験してきた者として言わせていただくなら、現場の教員がもう少し余裕を持って給食を味わえる時間や仕組みがほしいと思います。小学校の教員がトイレに行く時間がないほど忙しいというのは、最近ようやく世間に認知されはじめましたが、給食指導まで完璧にやろうとすると小学校の先生はもちろん中学校でも担任を持っていると、自分自身が食べる時間を確保するのが難しい。それが現実なのです。

給食無償化は必至

ところで、今給食の未来を考えるとき必ず議論に上るのが給食の無償化です。

東京都は2024（令和6）年度から公立の小中学校の給食費に対して区市町村が保護者の負担を軽減するために支援を行う場合、最大で給食費の半額を補助することになりました。それを受けて都内では多くの市町村が給食費の無償化に踏み出しました。

例えば三鷹市では、学校給食費の保護者負担を軽減するため、三鷹市立小・中学校の学校給食費を令和6年4月から無償化しました。立川市や西東京市など周辺の自治体も無償化に踏み出しました。

給食無償化のメリット・デメリットはここに書くまでもないと思いますが、子どもの立場から見たときのデメリットにひとつだけ触れておきます。

それは給食無償化によって給食の質や量の低下が起きかねないという点です。公立学校の給食無償化は当然ですが、地方自治体の大きな財政負担をともないます。それが食材費や調理費の削減を引き起こし給食の質や量の低下につながるというのです。

新鮮で高品質の食材の使用は学校給食の要ですが、予算の低下によってそれが制限され、代わりに安価な食材が使用される可能性もありえます。

過去にも給食を新しくはじめた自治体の中には調理場を設置して栄養士や調理員を雇用することをせず、業者のつくるお弁当を買って運んできて給食としたケースがありました。赤い箱にご飯とおかずが入っている例のものといえばおわかりの人も少なくないでしょう。私はこれを「宅食」と呼び、給食とは別のものと考えています。

宅食と給食の違いは何かというと、給食は栄養士さんが子どもたちの栄養と食育、食文化を考えてつくっているのに対して、「宅食」にはそういった思いが入らないから、食育が成立しないのです。

2024（令和6）年から給食無償化に踏み切った東京都三鷹市では、栄養バランスや必要量の確保のため、2022（令和4）年7月から実施してきた食材費の高騰分に対する8％の支援を令和6年度以降も継続することにしました。

給食の未来をどうする？

●給食は無償化にするべき

格差社会が進む現代の日本においては子どもたちに十分な食事を与えられない家庭も出てきています。そうした経済的に困窮した家庭で育つ子どもたちにとって、学校給食は貴重な栄養を摂る機会にもなっています。給食は無償化にすべき。

●給食は将来もなくならないし、なくしてはいけない

「食」は人間の営みの基本。「衣食住」に占める「食」の位置はとても重要です。食文化を勉強する場、食育を行う場としての給食は重要。

●「何にでも牛乳」はなんとかしてほしい

私の住む岡山県の郷土料理であるバラ寿司が給食に出ることがよくあります。お吸い物や小鉢風なものもついた素晴らしい給食です。ところが郷土の誇りであるこの料理にも、なぜか牛乳がついてくる。これはおかしいんじゃないか（笑）？と言いたい。

6

非行と発達障害

昔ながらの「非行」は明らかに減ってきた

「非行に走る子」「荒れてる子」は減ってきた。

昔と今で教育現場がどう変化してきたかを、これまでいろいろな側面からとらえて書いてきました。最後に触れたいのは、いわゆる「非行に走る子」「荒れてる子」が明らかに減ってきたということです。

私は1990年代から2000年代にかけて岡山県の中学校で社会科の教員をする一方、生徒指導主事として生徒の生活指導全般を担当していました。

当時は岡山県の中学校も荒れに荒れているという状態でした。それもそのはずで『令和5年版　犯罪白書』によれば最近30年間で少年による刑法犯及び特別法犯の検挙人員がもっとも多かったのは1998（平成10）年の16万6753人でした。

もちろん学校の中で暴れていた生徒たちと、こうしたデータに登場する「少年刑法犯」を同列に扱うのは正しくないかもしれませんが、こうしたデータが当時の児童・生徒たちを取り巻いていた世間の状況を伝えているような気がします。

（参考資料　『令和5年版　犯罪白書』7-4-1-1図「少年による刑法犯・特別法犯

検挙人数の推移」Ｅｘｃｅｌ形式ファイル　https://hakusyo1.moj.go.jp/jp/70/nfm/excel/7-4-1-1.xlsx)

この時代にくらべると私が現役の教員を引退するころには、潮が引くように学校で暴れる生徒たちの数は減っていきました。

先の『令和５年版　犯罪白書』を見ても、私が生徒指導担当として暴れる生徒たちを日々指導していた１９９８（平成10）年をピークに「少年刑法犯」は減少傾向を示し、２００３（平成15）年に15万１１７５人になったあとは、いっきに減少傾向が加速、２０２２（令和４）年には１万９５２６人とここ30年で最低を記録しています。ピークの１９９８（平成10）年との比較でいえば88・３％の大幅な減となっています。

こうしたデータを反映してか、最近では岡山の中学校でも「荒れた学校」の象徴だった茶髪、金髪といった派手な頭髪の生徒は激減しました。また制服の上着の丈を極端に短くしたり（短ラン）極端に長くしたり（長ラン）する生徒など、外見から「非行に走る可能性のある子」「荒れてる子」とわかるような様子の生徒は少なくなってきました。

以前は漫画の『ビー・バップ・ハイスクール』などで、いわゆる「ツッパリファッション」が流行したこともあって、茶髪や金髪をリーゼントにキメ、短ランや長ランを着込んだ生徒たちが学校にも溢れていました。

こうした生徒たちは今から考えれば「ファッションとしての非行」に憧れていたという側面もあり、最近はこうしたツッパリファッションがマスコミなどでも取り上げられる機会が減り、ファッションとしての「非行」が下火になった印象があります。

授業をやっている方が楽なほど荒れていた時代とは様変わりした

私が生徒指導担当として暴れる生徒たちを日々指導していた１９９０年代後半は、いわゆる「校内暴力」の全盛時代といっていいでしょう。

当時は校内でも校外でも日常的に問題が起きることが多く、授業をしていても職員室から呼び出しを受けることが度々あり、その度に授業を自習に切り替えては、問題が起きた場所に飛んでいくという毎日でした。

たまたまそうした呼び出しがなく、社会科の授業を丸々1時間やりきることができたときは「社会科の授業をしていた方がどんなに楽か」とぼやくほどでした。

当時は校内では特定のグループによる授業妨害、飲酒、喫煙、教師への暴行などが日常化していました。校庭や体育館の隅とか用具置き場などにたむろして酒や煙草の回し飲みなどをしているかと思うと、2、3人が連れ立っては授業中の教室に出向き、大声でしゃべったりドアや窓を叩いて回る。それを注意する教師がいれば、罵詈雑言を浴びせ、相手を見て、ときには殴りかかったりする。

彼らは授業は嫌いでしたが、学校へくること自体は大好きでした。岡山市は岡山県の県庁所在地ですが、そこは地方都市ですから、東京の歌舞伎町のように少年少女が昼日中から集まっても目立たないような歓楽街はありません。平日の昼間に中心部の繁華街にいれば、すぐに補導されてしまいます。

そこで毎日学校にやってきては授業を妨害したり、大勢でたむろして飲酒、喫煙を行ったりしたあげく、教師に暴行をはたらくのです。

またこうしたグループは学校毎にあり、このグループが他校に集団で押しかけて威嚇する行為もよくありました。集団でやってきた他校の生徒が校門の外にたむろして、大声を上げたり、登校してくる生徒を妨害したりするのです。

そのうちそれを聞きつけた自校のグループが校門のところにやってくると、門扉を挟んでにらみ合い、一触即発の雰囲気が高まってきます。

このとき他校の生徒が学校の敷地内に入ってくれば警察に出動を要請できるのですが、そこは他校の生徒たちもよくわかっていて、門の外にたむろして挑発を繰り返すだけといったケースがほとんどです。

こんなケースは他校の生活指導の教員と連絡をとって「出張」してきてもらい、それぞれのグループを門から引きはがすことで対処していました。

ほかにも体育祭に他校の生徒がきて「荒れる」こともよくありました。地方の中学校の体育祭は「地域の運動会」と呼ばれていた時代の雰囲気を残しており、現代の都会の中学校で行われる体育祭のように保護者以外は入れないといったものではありません。地域の住民なら誰でも見にくることができるのです。他校の生徒もたくさん見にきます。

そこに目を付けた他校の「ツッパリ」グループが学校内に入ってきて、その学校の「ツッパリ」グループと集団で喧嘩をはじめるのです。それを阻止するため体育祭の当日は生徒指導係総出で入場者をチェック、他校のツッパリグループの顔を知っている担当教員は、終日入場口に張り付かざるを得ません。そのため私は自分が担任するクラスを応援することもほとんどしたことがありませんし、体育祭そのものをじっくり見た記憶もないくらいです。

「学校の24時間体制」にも変化が

校外では万引き、喝上げ、窃盗などの軽犯罪が目立ち、これらの容疑以外でも傷害や暴行などの容疑で警察から学校への連絡が頻繁にありました。

当時は中学生が補導されたり検挙されたりすると、名前のつぎに学校名が特定されます。そして警察から生徒指導の担当に直接連絡がくる仕組みになっていたのです。連絡を受けると手の空いている生徒指導担当や担任教師が警察に出向いて可能な限り身柄を引き渡してもらうことになります。

保護者と連絡が取れればいっしょに警察に出向くこともありましたが、こうした法に触れるような行為をしてしまう生徒の家庭は複雑で、すぐに連絡がつかなかったり、連絡がついても仕事を理由に警察に行くことを拒む保護者もいました。

警察もこうした「触法少年」たちの保護者について一定の理解を示しており、われわれ生徒指導教員が警察に出向くことで身柄を引き渡してもらえるケースもあったのです。

こうした柔軟な対応の背景には、当時、その地域について生徒の「非行状況」を警察の少年係と学校の教員が定期的に連絡を取り合うという習慣がありました。互いに情報を共有することでよりスムーズに生徒の補導を行おうというものです。つまり生徒指導担当になると自然にその地域を管轄する警察署の少年係と顔見知りになるという状況があったのです。

現在は、個人情報の問題もあり、こうした学校と警察の密接な関係はなくなりました。その結果、他校の非行グループの情報やもう少し広い地域のそうした情報も学校の教員には共有されなくなりました。

生徒が校外で補導や検挙された場合も同様で、昔のように真っ先に警察から学校に連絡がくることはなくなりました。学校を通さず警察から直接、保護者に連絡が行くようになったのです。

以前は非行だけでなく事故も含めて自校の生徒に何かあったとき学校が真っ先に対応できるようになっていました。

スマートフォンはもちろん携帯電話も普及していない状況では、なかなかたいへんなことでした。教員が交代で学校に泊まる「宿直」という制度があった昭和40年代までは、夜間の対応は宿直の教員が対応していました。それが廃止されると連絡網などによって深夜に自宅に電話がかかってくることがあり、特に生徒指導などを担当している教員は負担に感じることも多い時代でした。

現在では警察が直接、保護者に連絡するようになって、教員の負担は相当減ってきています。昔のような「学校の24時間体制」は影をひそめ、学校によっては午後7時あたりから学校の電話はつながらなくなっています。最終下校時間の一時間後ぐらいを目安に留守番電話に切り替えてしまうからです。

これによって教員が生徒の最終下校時間である午後6時前後をすぎて校務で「残業」している場合も、保護者からの電話が直接かかってくることがなくなり、校務に集中できる状況を生み出しています。これは保護者との電話による応対が苦手といわれる若い先生たちにとっては大きな負担軽減になっているのではないでしょうか。

今はSNS上のトラブルやいじめ問題が「非行」にとって代わった

以前の校内暴力や校外で刑法に触れるような行為で補導・検挙されるいわゆる「非行」

にとって代わって、現在はＳＮＳ上のトラブルやいじめが大きな問題になってきています。

私の個人的な感想を言えば「普通に見える子の方が犯罪に関わる率が高い」と感じています。今学校で問題となっているのは、昔のように外見から「非行に走る子」「荒れてる子」とわかるような子どもたちではないということです。

２０００年代に入ってインターネットが急速に普及すると、情報交換の場として「インターネット掲示板」のようなものが広く普及しました。こうしたインターネットの掲示板機能が悪用され特定の生徒への誹謗中傷やいじめの場となったのが「学校裏サイト」です。２００７（平成19）年には、「滝川高校いじめ自殺事件」が起こり、この学校裏サイトの問題が広く話題となりました。この事件を巡っては、最初は学校側がいじめの存在を認めていませんでしたが、あとになって学校裏サイトに自殺した生徒に対する誹謗中傷が書き込まれていることがわかりました。

サイトなどの情報によれば、他にも、よく似た事例は多数あり、２０１９（令和元）年時点で確認されていた学校裏サイトは全国で10万件に上るといわれています。新しいものが好きな中高生の性質からすると学校裏サイトはすでに過去のものと分析する人もいますが、多くの人に向けて瞬時に誹謗中傷ができてしまうという学校裏サイトの特性からすると、いつまた学校裏サイトが発端となって大きな問題が起こってもおかしくないといえるでしょう。

今、学校で特定の生徒への誹謗中傷やいじめの場として問題になっているのは「LINE」や「Twitter（現X）」などのいわゆるSNSです。SNSは「Social Networking Service」の略語ですが、中高生でも簡単に情報発信できて、お互いにつながりを持つことができます。プロフィールや写真の公開、メッセージの送受信、友達検索、グループ化などもでき、こうした機能が特定の生徒への誹謗中傷やいじめの場となる可能性を持っています。

LINEの普及がはじまった2014（平成26）年頃には、いわゆる「LINEいじめ」をきっかけとして中高生の自殺が相次ぎ、話題となりました。ここでいう「LINEいじめ」とはLINEのグループ化機能を使ったもので、いじめの対象となる生徒のみをはずしたグループをつくることから「LINEはずし」とも呼ばれています。

LINEや「Twitter（現X）」などのSNSアプリはインターネットの掲示板やWEBサイトより秘匿性が高いため、親や教師の目に触れにくく、誹謗中傷やいじめがエスカレートしやすいという特徴を持っています。こうしたSNSは実質的に学校裏サイトとして悪用されやすく、SNSは簡単にアカウントを作成することができるため、たとえアカウント凍結に追い込まれたとしても、簡単に別アカウントに「引越」が可能な点も厄介です。

SNSの管理は保護者の協力が不可欠

このように生徒の問題行動がSNSを舞台にした特定の生徒への誹謗中傷やいじめに移ってくる流れの中で、学校による生徒指導も従来のような校内暴力の鎮圧や予防、飲酒・喫煙の取締りのようなものから、裏サイトの摘発や業者への書き込みの削除依頼などにシフトしていきました。

とはいえ、先にも触れたように生徒たちは流行に敏感です。新しいSNSやそれに代わるものが登場してくれば、次々と新しいものに乗り換え、問題行動を起こします。それを生徒指導の教員たちが追いかけていく。まさにイタチごっこです。

そもそもこうした問題行動の舞台となるSNSは、生徒たちが持っているスマートフォンの中で動いています。そしてそのスマートフォンを生徒たちに買い与えているのは保護者なのです。ですからその管理は保護者の協力がないと、とても学校だけではできません。

具体的にいうと、私が現役の頃は小学校6年生が中学校に入学する時期に本人はもちろん保護者の出席を求めて説明会を開きました。

テーマは「子どもにスマートフォンを持たせるにあたって保護者が知っておくべきこと」といった感じです。

その場を通じてSNSを巡るトラブルが非常に多いことを伝え、学校でも厳しく指導しますが、SNSについては、保護者が子どもがどんなSNSアプリを、どのくらい使っているのか知っておいてほしいという話をしています。

「非行」ではなく発達障害ととらえて対処

学校というところは生徒に対してどうしてもスムーズな集団行動を求めるものです。教師は一列に並べと言ったら一度でおとなしく並んでくれ、しゃべるなと言えばずっと沈黙を保っているような生徒を「よい子」として評価しがちです。

しかし最近では、なんらかの理由があって、そういうふうには行動できない子ども・生徒がいるという認識が広がりつつあります。その結果、人の話が聞けない、集団に合わせられない子どもたちに対する学校や教員の対処の仕方も以前と今とでは変わってきました。

以前は口で言ってわからない生徒に教師のげんこつが飛ぶという光景は普通にありました。私も教師になったばかりの頃は、3度注意しても指示にしたがわない生徒には、げんこつに物を言わせる主義でした。今では「暴力教師」として一発でアウトの行動ですが、これが黙認されていた時代があったのです。

ところが最近では「生徒指導に暴力はありえない」という話とは別に、ある原因によって言葉で言われただけでは理解できない子ども・生徒がいるという理由で「力による生徒指導」を否定する流れが生まれてきました。

そのある原因というのが発達障害です。人の話が聞けない、スムーズな集団行動ができないという症状が発達障害と診断されるケースが増えてきたのです。

そこで教師の指示にしたがわず集団行動の和を乱す行為を「非行」ととらえるのではな

く、発達障害の一部として認識し、対処するというふうに生徒指導のあり方も変わってきているのです。

私が体験した発達障害の生徒の例

例えば私が担任として教えた生徒にはこんな子がいました。もともと眠るのが苦手で普段は薬を飲まないと眠れない症状がありました。それなのにどういうわけか修学旅行に薬を持ってきていなかったのです。環境が変わったこともあってどうしても眠れず、深夜まで廊下を動き回ってしまいます。結局一晩中私が付ききりで対処し、周囲への影響は最小限にとどめることができました。

この生徒の場合は事前に発達障害と診断されていたので、薬を飲まないとどんな症状が出るのか、ある程度は予測がついたので、徹夜はたいへんでしたが、比較的スムーズに対処できたと思っています。

ただこの子のように突発的な行動が問題な場合はいいのですが、問題行動が飲酒などになってくると問題が複雑になります。

私が指導した生徒の中に何度注意しても学校で飲酒を繰り返してしまう子がいました。私がきつく指導すると、

「もうやらない」

その場ではそう言うのですが、短期間でまた同じ「非行（飲酒）」を繰り返してしまいます。そこで保護者とも連絡を取り専門の病院で診察してもらったところ、発達障害と診断されました。

そう診断されれば対処の仕方も変わってくるし、周囲の見方も変わってきます。その生徒も専門家のアドバイスを受け、学校での飲酒という習慣からは抜け出すことができました。

発達障害の特徴と対処法

「他人の話を聞けない」「集団行動が苦手」など、ひとくちに発達障害といっても障害の形はさまざまです。発達障害のある人を私たちはどのようにとらえ、どう対応すればいいのでしょうか。それにはつぎの文章が参考になります。

「発達障害は、広汎性発達障害（こうはんせいはったつしょうがい）、学習障害、注意欠陥多動性障害など、脳機能の発達に関係する障害です。発達障害のある人は、他人との関係づくりやコミュニケーションなどがとても苦手ですが、優れた能力が発揮されている場合もあり、周りから見てアンバランスな様子が理解されにくい障害です。発達障害の人たちが個々の能力を伸ばし、社会の中で自立していくためには、こどものうちからの『気づき』と『適切なサポート』、そして、発達障害に対する私たち一人ひとりの理解が必要です」（政府広報オンライン）

●広汎性発達障害（ＰＤＤ）

広汎性発達障害は神経発達障害の一種です。その原因は生まれつき脳に微細な異常があるからと考えられています。コミュニケーション能力の弱さと、独自の強いこだわりとによって社会生活が困難になりやすいのが特徴です。

従来から広汎性発達障害は「自閉症」「アスペルガー症候群」「小児期崩壊性障害」「特定不能の広汎性障害」「レット症候群」の5つに分けられていました。最近では「レット症候群」以外の4つが「自閉スペクトラム症（自閉症スペクトラム障害）」として1つに統合されました。発達障害に関する本や記事を読んでいると発達障害の種類として自閉症やアスペルガー症候群など、いろいろ出てきますが、今は広汎性発達障害という言葉で1つにくくれるようです。

●学習障害（ＬＤ）

学習障害の特徴は、読み書きや計算など学習上の困難さが目立つ、あるいは物事を順序立てて説明することが苦手などです。その結果、表裏が逆転した文字を書いたり、文章を読む際に一文字ずつ拾い読みしたり行を飛ばしてしまうなどといったことが起こります。小学生になると「漢字が覚えられない」「作文が書けない」「音読が苦手」などが目立ちはじめ、最近では教師が学習障害を疑って発見されることが多くなりました。

●注意欠陥多動性障害（ＡＤＨＤ）

注意欠陥多動性障害は「不注意」「多動性」「衝動性」が日常的な行動にあらわれるのが特徴です。「忘れ物が多い：不注意」「整理整頓が苦手：不注意」「つい動き回ってしまう：多動性」「急に大声を出す：衝動性」などの特徴が見られます。ひとくちで言えば

「集団の中でほかの子にくらべて落ち着きがない」といった特徴から障害が見つかりやすいといえます。

それぞれの障害に特徴はあるものの、保護者や教師が見た目だけではわからないので、専門医の診察を受けて確定診断を得るのが普通です。

因みに文科省の令和4年の調査によると、学習障害などによって普通学級での学習や生活に著しい困難を生じている児童・生徒は約8・8％いるという結果が出ています。（https://www.mext.go.jp/content/20230524-mext-tokubetu01-000026255_01.pdf）

これは専門家による確定診断を受けた数ではなく、担任教師などからの回答をもとにしたものです。これをもとに推計すると学習面や行動面から発達障害と思われる児童・生徒は1クラス30人とすると2～3人はいることになります。

病院に行かない子、行っても薬を飲まない子が問題

発達障害は病気ではなく脳の障害なので薬で根本的に治すことはできません。ただ発達

障害の子ども・生徒が示す症状によっては薬で和らげることができます。

ところが保護者の発達障害への無理解から病院に行けず、発達障害と診断されない子どもも少なくありません。診断されなければ症状を和らげる薬があるかどうかも判断できません。「自分の子どもに限って」という気持ちから専門病院に足が向かない保護者も少なくありません。辛いかもしれないですが、保護者は自分の子どもが発達障害かもしれないという可能性を受け入れることが大切です。

例えば注意欠陥多動性障害は、早い時期に診断を受けて服薬すると症状が抑えられることもあるようです。幼児の頃やせめて小学生の頃など、早い段階で診断を受け、症状に合わせた対策をした方がいいというのが専門家の意見です。

保護者と教員がいっしょに病院に行くのが理想

専門医の診断を受ける場合は教員と保護者がいっしょに病院に行って専門医の診断を聞くのが一番いいのではないかと私は思います。

その上で「家庭ではこうする」「学校ではこうする」というように対処法をアドバイス

してもらいます。そしてそれを学校と家庭で協力しながら実践していくわけです。

先に修学旅行の話に出てきた生徒の場合は保護者と教師である私がいっしょに診断を聞きにいったケースでした。そのため、薬を忘れた結果パニックになってもうまく対処できました。

発達障害の子ども・生徒は教師や保護者が口で言っても理解することが難しいため、文字に書いて理解させるのがいいというのもそのとき私が学んだことです。学校では連絡事項は黒板に書くことを徹底し、本人はさらにそれを紙に書いて記録を取ることを徹底しました。この生徒の場合は、文字に書いたら他の生徒と同じように動くことができました。

繰り返しになりますが、発達障害の子については教師と保護者が手を取り合って、どのような接し方がいいのか模索していくことが大切です。放っておくと問題行動を起こして「非行」と間違われやすくなり、学業にも支障が出てきます。その結果、進路にも影響が出てくることも十分考えられます。

おわりに

本書を読んだ人は私が現在の教育界の持つ負の側面ばかりにスポットライトを当てているように感じられるかもしれませんが、基本的に私は教員という仕事は素晴らしい仕事だと考えています。また教員という仕事を選んでほんとうによかったとも感じています。

成長のまっただ中にいる子どもたちと深く関わり、その子どもたちが自らの将来をつくっていく過程に手を貸せるという仕事は、ほかにはなかなかありません。確かに本書で再三触れたように教員を取り巻く労働環境はけっして素晴らしいとはいえませんが、そこには教員という仕事でしか味わえない喜びがあります。これから教師になりたいと思っている人にぜひこれは伝えたいと思います。

またすでに教員として働いている若い人たちには「何でも経験してみろ」と言いたい。

私は在職中、生徒指導主事として生徒指導の最前線に立つ一方で、一貫してソフトテニス部の顧問をしてきました。それ以外にも、本書でも繰り返し書いてきたように「校務」という名の雑務に追われ、まとまって物事を考える時間がありませんでした。そうした日常が退職をきっかけに一変し、時間だけは余るほどある状態になりました。そのとき心に浮かんだのが「教師をリタイヤした今だから教育について書けることがある」という想いでした。現役の教師は忙しすぎて現場の抱える問題を発信する余裕がありません。それなら現役をリタイヤしたばかりの私が声をあげたらどうか。そう考えたのです。

とはいえ部活動の顧問を経験したことは、私の教員としての人生で大きな財産になっています。本書でも触れたように今の学校で部活動の顧問をするのは、たいへんです。しかし部活動の顧問として子どもたちを見守るのは、担任としてのそれとは、また大きな違いがあります。部活動の顧問をしていると、ときに子どもたちがそれまでの皮を破って大きく成長する瞬間に立ち会うことができるのです。

これもまた大きな喜びです。教員として働く若い人たちにも、さまざまなことにチャレンジしてもらい、ぜひこうした喜びを感じてほしい。そう思います。

最後に出版に向けてご尽力いただいた幻冬舎ルネッサンス編集部の方々に深く感謝します。子育てを終えて教育界と疎遠になっていた人や、そもそも子どもを通じて教育界と接する機会のなかった人に読んでもらい、将来の日本の教育を考えるきっかけになるような本にしたいという私の希望も、幻冬舎ルネッサンス局の編集の方々との出会いがなければ、形になることはありませんでした。

令和6年10月吉日
髙田圭一

〈著者紹介〉
高田圭一（たかた けいいち）
中学時代にソフトテニスと出会い、その楽しさを伝えたいという思いから教員の道を選択。約30年間にわたり、中学校教員として勤務し、平日は夜遅くまで、そして休日もほぼ休むことなく「仕事一筋」で教育活動に邁進してきた。
退職後、縁あって部活動指導員として活動を再開。部員や保護者、顧問教員、そして昔の教え子など、多くの方のサポートを受けながら、現在もソフトテニスの指導に尽力している。

未来《みらい》のために
-日本《にほん》の教育現場《きょういくげんば》をどう改善《かいぜん》するか-

2024年10月30日　第1刷発行

著　者　　高田圭一
発行人　　久保田貴幸

発行元　　株式会社 幻冬舎メディアコンサルティング
〒151-0051　東京都渋谷区千駄ヶ谷4-9-7
電話　03-5411-6440（編集）

発売元　　株式会社 幻冬舎
〒151-0051　東京都渋谷区千駄ヶ谷4-9-7
電話　03-5411-6222（営業）

印刷・製本　中央精版印刷株式会社
装　丁　　川嶋章浩

検印廃止

Printed in Japan
ISBN 978-4-344-94921-8 C0037
幻冬舎メディアコンサルティングＨＰ
https://www.gentosha-mc.com/